Markus J. Faber

Open Innovation

GABLER EDITION WISSENSCHAFT

Spektrum wirtschaftswissenschaftliche Forschung

Unternehmen sehen sich in dynamischen und mehrschichtigen Wettbewerbsumfeldern einer Vielzahl von Herausforderungen gegenüber. Die Bewältigung dieser Aufgaben erfordert phänomenologisch, methodisch und theoretisch interdisziplinäre Lösungszugänge, da isolierte Rezeptionen zunehmend an Schlagkraft verlieren. Die Beiträge dieser Reihe präsentieren innovative Ansätze, die auf der Grundlage eines grundständig ökonomischen Wissenschaftsanspruchs nicht nur neuartige Erkenntniszugänge liefern, sondern auch realpraxeologische Gestaltungsanregungen formulieren.

Markus J. Faber

Open Innovation

Ansätze, Strategien und Geschäftsmodelle

Mit einem Geleitwort von Prof. Dr. Klaus Bellmann

GABLER EDITION WISSENSCHAFT

Bibliografische Information der Deutschen Nationalbibliothek
Die Deutsche Nationalbibliothek verzeichnet diese Publikation in der Deutschen Nationalbibliografie; detaillierte bibliografische Daten sind im Internet über http://dnb.d-nb.de abrufbar.

1. Auflage 2008

Lektorat: Frauke Schindler / Sabine Schöller

Gabler ist Teil der Fachverlagsgruppe Springer Science+Business Media.
www.gabler.de

Umschlaggestaltung: Regine Zimmer, Dipl.-Designerin, Frankfurt/Main

ISBN 978-3-8349-1368-5

Geleitwort

Kraft befragt seine Kunden im Internet, welche Produkte sie gerne im Kühlschrank hätten. Schindler, zweitgrößter Aufzughersteller der Welt, lädt regelmäßig Architekten und Generalunternehmer zu Trend-Workshops ein. Das Fertigungsverfahren für die Mittelkonsole des BMW M3 CSL geht auf die Idee eines BMW-Fahrers zurück. Bei Procter & Gamble entsteht jedes zehnte Neuprodukt aus einer Kundenidee. Mit dem Blog „Ideastorm – Where Your Ideas Reign“ ruft Dell zur Präsentation neuer Ideen für Produkte und Dienstleistungen sowie zu deren Weiterentwicklung und Diskussion auf.

Die fünf Beispiele zeigen stellvertretend für viele weitere, dass Unternehmen mit der Open-Innovation-Strategie, der Öffnung des Innovationsprozesses zur Außenwelt durch die Initiierung von Informations- und Kommunikationsprozessen, das klassische Paradigma der „Closed Innovation“ systematisch überwinden und Externe als Partner zu „Miterfindern“ machen wollen.

Geprägt wurde der Begriff „Open Innovation“ von Henry Chesbrough, Innovationsmanagementforscher an der University of California. Seine wie auch die Studien anderer zeigen, dass wirklich innovative Durchbrüche oftmals nicht in Firmenlaboren entstanden sind, sondern von Nutzern, vor allem von Freaks stammen.

In seiner Untersuchung zu Ansätzen, Strategien und Geschäftsmodellen für „Open Innovation“ setzt sich Markus Faber einleitend mit den essenziellen Begriffen des Innovationsmanagements sowie den Theorien des Strategischen Managements als theoretisch-konzeptionelle Grundlagen des Themenkomplexes auseinander. Ausgehend von dem Paradigma der „Closed Innovation“ durchmustert er subsequent in beeindruckender Weise den Ansatz von Chesbrough und arbeitet die fokalen Elemente heraus.

Damit hat er die Basis geschaffen, um diesen „Open Innovation“-Ansatz dem Ansatz von Reichwald/Piller und dem Open-Source-Ansatz als ähnlich geartete Ansätze gegenüberzustellen. In gelungenem Diskurs arbeitet er die Charakteristika der Ansätze heraus und zeigt partielle Übereinstimmungen sowie generelle Verschiedenheiten auf.

Die Untersuchung weiß durch die Qualität der Analyse sowie die pointiert dargestellten Erkenntnisse und Aussagen zu gefallen. Dazu trägt auch bei, dass Markus Faber den Diskurs zu jedem Ansatz mit einer Fallstudie eröffnet und die Abhandlung mit einer Diskussion der Risiken und Chancen aus Sicht von Unternehmung und Innovationspartner sowie einer kritischen Würdigung abschließt.

Klaus Bellmann

Vorwort

In der betriebswirtschaftlichen Welt sind Unternehmen nach den Bestrebungen, die Kosten zu minimieren bzw. den Output zu maximieren, in vielen Bereichen an die Grenzen ihres Optimierungspotentials gestoßen. Um sich in globalisierten Märkten behaupten oder etablieren zu können, gerät die Möglichkeit zur Differenzierung über den Preis in den Hintergrund. Im Gegenzug gewinnen Qualität, Kundenorientierung und Innovationsfähigkeit an Bedeutung im Wettbewerb.

Die unternehmerischen Tendenzen, die sich auf dem Gebiet des Innovationsmanagements und der Innovationsgenerierung beobachten lassen, fließen in Form von Erfahrungsobjekten in die wissenschaftliche Literatur ein.

„Open Innovation – Ansätze, Strategien und Geschäftsmodelle" zeigt, dass es bei diesem Prozess zu Redundanzen kommen kann. Zugrunde liegt im konkreten Fall die Öffnung von Innovationsprozessen, der Rückgriff auf verteilte Wissensquellen. Während Chesbrough das gesamte Unternehmensumfeld als relevante Quelle ansieht, akzentuieren die Wissenschaftler Reichwald und Piller die Rolle des Kunden. Aus Unternehmenssicht eröffnet sich ein ungeahntes Potential an relevanten Informationen, die dazu genutzt werden können, neuartige Entwicklungen zu schaffen, kundenorientiert adäquate Produkte zu gestalten oder auch Teile des Innovationsprozesses in die Hand von Nutzern zu übertragen. Die Begriffssetzung „Open Innovation" im Kontext der Open Source-Bewegung entfernt sich hingegen von den beiden zuvor genannten Ansätzen, man löst sich von rein unternehmerisch geprägten Beweggründen.

Am Anfang des Verfassens einer Arbeit, die die Überschrift „Open Innovation" tragen sollte, stellten sich viele Fragen, die erst durch das Sammeln von verstreuten Puzzleteilen und das stetige Zusammenfügen zu einem Ganzen beantwortet werden konnten. Wie sich zeigen sollte, folgt in diesem Fall die betriebswirtschaftliche Literatur mit einem gewissen zeitlichen Abstand auf aktuellen Tendenzen in der Praxis. Da die Forschungsansätze hier nicht ursprünglichen, sondern primär deskriptiven Charakter besitzen, wird erforderlich, dass die Theorie eventuelle Veränderungen wahrnimmt und auf die fortschreitende Entwicklung Rücksicht nimmt.

Dem deskriptiven Charakter wird bei der Strukturierung des Buchs Rechnung getragen. Die jeweilige Einleitung der drei Hauptkapitel wird mit Hilfe von Fallstudien vollzogen, welche eben diese Tendenzen darstellen. Es wird das Ziel verfolgt, den Leser durch aktuelle, ihm teilweise bereits bekannte Praxisbeispiele für spezifische Kriterien zu sensibilisieren.

Diese Arbeit markiert den Endpunkt meines betriebswirtschaftlichen Studiums, welches ich an der Johannes Gutenberg-Universität in Mainz, an der University of Finance and Economics in Dalian/China und an der Université de Bourgogne/Frankreich absolvierte.

Neben der fachlichen Komponente gibt es eine Reihe von Faktoren, die zum Gelingen eines Studiums im Allgemeinen und einer Diplomarbeit im Speziellen beitragen. Ohne die Unterstützung meiner Eltern und den Zuspruch meiner Geschwister wäre Vieles nicht realisierbar gewesen. Viele gute Freundschaften, die ich während meines Studiums schließen konnte und welche für die nötige fachliche Entwicklung, aber auch für die notwendige Zerstreuung während der Zeit außerhalb universitärer Betätigung sorgten, lassen mich auf eine sehr glückliche Zeit zurückblicken.

Den Lesern dieses Buches wünsche ich, dass die für sie interessanten Aspekte zur Reflexion anregen und sie nach dem Studium der folgenden Seiten einen Mehrwert für sich erkennen. Jeder Verbesserungsvorschlag wird gerne entgegengenommen, zeigt sich doch darin eine angewandte Spielart von „Open Innovation“.

Markus Faber

Inhaltsverzeichnis

Abbildungsverzeichnis

Tabellenverzeichnis

Abkürzungsverzeichnis

a.a.O.	: am angegebenen Ort
Abb.	: Abbildung/-en
Abs.	: Absatz
Aufl.	: Auflage
bspw.	: beispielsweise
bzw.	: beziehungsweise
CAP	: Customer Active Paradigm
CIP	: Continuous Improvement Process
Corp.	: Corporation
d.h.	: das heißt
Diss.	: Dissertation
Dr.	: Doktor
DRAM	: Dynamic Random Access Memory
f.	: folgende
ff.	: fortfolgende
F&E	: Forschung und Entwicklung
ggf.	: gegebenenfalls
Habil.-Schr.	: Habilitationsschrift
Hrsg.	: Herausgeber
i.d.R.	: in der Regel
IP	: Intellectual Property
I&K	: Information und Kommunikation
Kap.	: Kapitel
KbV	: Knowledge-based View
KMU	: Kleine und mittlere Unternehmen
MAP	: Manufacturer Active Paradigm
m.a.W.	: mit anderen Worten
MIT	: Massachusetts Institute of Technology
MbV	: Market-based View
NIH	: Not-invented-here
NSH	: Not-sold-here
OSI	: Open-Source-Initiative

RbV	: Resource-based View
RdV	: Resource-dependence View
s.	: siehe
S.	: Seite/-n
sog.	: sogenannte/-n/-r/-s
Tab.	: Tabelle/-n
u.a.	: unter anderem
Univ.	: Universität
u.U.	: unter Umständen
VC	: Venture Capital
vgl.	: vergleiche
z.B.	: zum Beispiel
zugl.	: zugleich

1 Einleitung

1.1 Themeneinführung

„Not all smart people in the world work for us."
(Bill Joy, Sun Microsystems)

Die dynamischen Veränderungen in der Unternehmensumwelt zwingen Firmen dazu, vormals etablierte Strategien zu verbessern oder neuartige Wege zu beschreiten, um den nachhaltigen Erfolg der wirtschaftlichen Tätigkeit zu sichern. Beispielsweise hat auf der Angebotsseite im Zuge globalisierender Tendenzen in vielen Ländern und in einer Vielzahl von Branchen der Verdrängungswettbewerb den Marktwettbewerb ersetzt. Der beobachtbare makroökonomische Wandel gilt als Ursache für Veränderungen im mikroökonomischen Rahmen.[1] Daneben treten seitens der Nachfrage Konsumenten als Individuen auf und verlangen, dem gesteigerten Wunsch nach Selbstverwirklichung folgend, heterogene Leistungen. Eine beobachtbare Konsequenz stellen die sich verkürzenden Produktlebenszyklen dar.

Die zunehmende Konkurrenz erhöht spürbar den Innovationsdruck: Bislang waren die Hersteller selten mit der Notwendigkeit konfrontiert, neue Produkte oder Produktverbesserungen, die von ihnen verkauft werden, dezidiert zurück zu verfolgen. Während bisher erfolgreiche Innovationsergebnisse nicht zu einer systematischen Rückverfolgung veranlassten, wenn konventionelle Verfahrensweisen scheinbar zum Erfolg führten, wird nun der Fokus auf eine gezielte Untersuchung der Unternehmensaufgabe Innovation gelenkt.[2] Die Herausforderung des Managements von Dynamik, Komplexität und Kosten kennzeichnet hierbei den zentralen kritischen Faktor, dem sich das Unternehmen stellen muss. Um den Kostendruck zu umgehen wird durch die Verfolgung einer Differenzierungsstrategie versucht, preisunelastische Akzeptanz beim Kunden zu erhalten. Unternehmen werden dazu gezwungen, auch in kleineren Märkten adäquate Produkte anbieten zu können, da diese Nischenfokussierung oftmals die einzige Möglichkeit für Wachs-

---

[1] Vgl. Perschke, M.: Investitionsbewertung von Prozessinnovationen, Frankfurt 2006, S. 9f.

[2] Vgl. von Hippel, E.: Democratizing Innovation, Cambridge 2005, S. 176.

tum und somit die Abkehr von hartem Preiswettbewerb darstellt.[1] Begleitet wird diese Tendenz von der technischen Vernetzung, in der Information und Wissen zum dominierenden Faktor in Gesellschaft und Wirtschaft werden. Zukunftsorientierte Unternehmen versuchen nach den intensiven Restrukturierungswellen der letzten Jahre gezielt, Vorsprung durch erfolgreiche Innovation zu erreichen.

Im Wettbewerb sind die Verfügungsrechte über Quellen und Potentiale der Wertschöpfung erfolgsentscheidend, bei wissensintensiven Branchen insbesondere die Kompetenz, die sich im Wissen der Mitarbeiter manifestiert. Bei einer das Umfeld betrachtenden Sichtweise rückt der Markt mit den Kunden, Lieferanten, Wettbewerbern und weiteren Kooperationspartnern in den Vordergrund. Die Nutzung der genannten externen Innovationsquellen, deren Bedeutung als komplementär zu internen gesehen wird, stellt die Definition dar, die der Autor H. Chesbrough „Open Innovation" vertritt.

Die notwendige Orientierung am Kunden als strategischen Erfolgsfaktor der Produktion stellt ein bereits von vielen Unternehmen realisiertes Potential dar und wird in der Theorie ausführlich in Konzepten, wie z.B. der „Mass Customization", beschrieben. Um dem Wandlungsdruck in geeigneter Weise zu begegnen versuchen Unternehmen, Kreativität und Effizienz in einer adäquaten Produktfindung zu kombinieren und beschreiten hierzu neue Wege im Innovationsmanagement. Operativ werden die Gestaltung und die Führung des Innovationsprozesses und das Management von Leistung, Qualität, Kosten und Zeit wettbewerbsentscheidend. Vorteilhafte Produktentwicklung wird unter dem Kosten-Nutzenkriterium gemeinsam mit dem Kunden vollzogen. Die Autoren Reichwald und Piller bezeichnen diese Innovationskooperation zwischen Unternehmen und Kunden als „Open Innovation" und entwickeln ein zu Chesbrough abweichendes Konzept. Sie fokussieren sich mit ihrer Namensgebung auf die externe Wissensquelle Kunde, indem sie einen Aspekt des Begriffsverständnisses von Chesbrough beleuchten. Nach Reichwald und Piller ist der Kunde bzw. Nutzer[2] in der Folge nicht mehr nur passiver Empfänger betrieblicher Leistungen, sondern nimmt Einfluss auf dem Weg der Ideen- und Produktfindung und initiiert zum Teil sogar den Innovationsprozess.

---

[1] Vgl. Ogawa, S; Piller, F.T.: Reducing the Risks of New Product Development, in: MIT Sloan Management Review 47 (2006) 2, S. 65.

[2] Die Begriffe Kunde und Nutzer werden in dieser Arbeit synonym verwendet.

Diese Konzepte der Open Innovation sind vor dem Hintergrund einer zunehmenden Öffnung vormals von der Außenwelt abgeschotteter Forschungs- und Entwicklungs- (F&E-) Abteilungen zu sehen, Unternehmensgrenzen werden dabei überschritten. Dies stellt kein neuartiges Konzept dar, es kennzeichnet aber die gezielte Abkehr von streng hierarchischen Arrangements der Produktion und die progressive Unternehmensentwicklung hin zu verteilten Wertschöpfungsaktivitäten, die sich z.B. im Rahmen von Innovationskooperationen zwischen Unternehmen und Abnehmern fortsetzen. Speziell der Kunde als Innovator ist für unmittelbaren Wert für das Unternehmen und besitzt, wie im Ansatz der Autoren Reichwald und Piller deutlich wird, exponierte Relevanz. Dieses Wertschöpfungsmodell schafft abweichend von klassischen Produktionsorganisationen neue Lösungsalternativen in einer vernetzten Wirtschaft.[1]

Ein dritter Ansatz, in dem der Begriff Open Innovation benutzt wird, besitzt geringere betriebswirtschaftliche Bedeutung und rückt nicht nur deshalb von den vorherigen beiden Auslegungen erheblich ab. Open Innovation wird darin zu einem anarchischen Gesellschaftsprinzip, in welchem dem Individuum weitreichende Fähigkeiten zugesprochen werden.

Das Thema der vorliegenden Arbeit bietet die Möglichkeit zu einer breiten Darstellung, in dessen Rahmen relevante Aspekte angesprochen werden müssen und für besonders erklärungswürdig eingestufte vertieft dargestellt werden. Im Rahmen der vorliegenden Ausführungen bietet sich die Möglichkeit, für den Gesamtkontext kundenorientierter Wettbewerbsstrategien zu sensibilisieren. Insbesondere die Ressource Wissen, auf die sich aktuelle Veröffentlichungen zum Thema Unternehmensführung fokussieren und die gekennzeichnet wird durch neue Schlagworte, wie z.B. Wissensgesellschaft, Ökonomie der Informations- und Wissensproduktion oder Wissensmanagement, soll beachtet werden.

Aufgrund ihres recht jungen Charakters befinden sich die Ansätze von Open Innovation im Anfangsstadium der Theoriebildung. Man erkennt bereits aus diesen kurzen Erklärungen, dass sich hinter dem Begriff „Open" verschiedene Assoziationen verbergen. Der Begriff Open Innovation wird daher in der aktuellen Literatur widersprüchlich verwendet und stellt aufgrund seiner Redundanz nicht ein explizi-

---

[1] Vgl. Reichwald, R.; Piller, F.: Interaktive Wertschöpfung, Wiesbaden 2006, S. 7.

tes, überschneidungsfreies Konzept[1] dar. Die bisherige wissenschaftliche Beschäftigung basiert primär auf empirisch beobachtbaren Phänomenen, die Anlass dazu geben, wissenschaftlich untersucht zu werden. Die in der Arbeit vorgenommene Systematisierung versucht, einen vollständigen und überschneidungsfreien Überblick der Forschungsrichtung zu liefern.

1.2 Gang der Arbeit

Ziel der vorliegenden Arbeit ist es, den aktuellen Forschungsstand zum Thema Open Innovation darzulegen und den Inhalt der Begriffsfestlegungen nachzuzeichnen. Zudem soll die Relevanz des Themas einerseits für die theoretische Beschäftigung und andererseits für die betriebliche Praxis untersucht werden. Aus diesem Grund gliedert sich die Arbeit in vier Hauptabschnitte: Die Basis für die späteren Kapitel wird zunächst durch die definitorischen und theoretisch-konzeptionellen Grundlagen in Kapitel 2 gelegt. Die benutzten Begriffe werden in diesem Kapitel eindeutig abgegrenzt und sollen es ermöglichen, die Einordnung von Open Innovation anhand von Kriterien verstehen zu können. Die Darstellung des Transaktionskostenansatzes und von Theorien des strategischen Managements erscheint dazu erforderlich, um einen Bezugsrahmen für ökonomische Motive, z.B. make-or-buy Entscheidungen, die im Rahmen der ersten beiden Open Innovation Ansätze getroffen werden, bilden zu können.

Besondere Bedeutung haftet Kapitel 3 dieser Arbeit an, in dessen Rahmen eine theoretische Untersuchung des Themengebiets Open Innovation nach der Festlegung von Chesbrough erfolgt. Die charakteristischen Aspekte werden dargestellt und der Ansatz hinsichtlich seiner unternehmerischen Relevanz beleuchtet. Auf die Abhandlung der resultierenden Chancen und Risiken folgt eine kritische Betrachtung dieses Paradigmas. Im vierten Kapitel erfolgt nach demselben Schema die Darstellung des Open Innovation Ansatzes von Reichwald und Piller. Dieses mit dem in Kapitel 3 verwandte Verständnis fokussiert auf die externe Wissensquelle Kunde und lenkt das Augenmerk darauf, welche Anforderungen eine aktive

[1] Inhaltliche Entwürfe sind Ausgangspunkt für empirische Untersuchungen und werden als Konzept bezeichnet, da sie aufgrund ihrer Vorläufigkeit noch nicht den Anforderungen an ein wissenschaftliches Modell entsprechen.

Nutzereinbeziehung besitzt und aufgrund welcher Beweggründe eine Beteiligung in Innovationsprozessen erfolgt. Das fünfte Kapitel beschäftigt sich mit dem Open Innovation Ansatz, der auf den Entwicklungen auf dem Gebiet der Open Source Software beruht. Dieser kann nicht eindeutig einem Autor zugeschrieben werden und entzieht sich zum Teil der betriebswirtschaftlichen Theorie. Der unternehmerische Gedanke rückt bei diesem Verständnis in den Hintergrund, eine Erläuterung jedoch ist unabdingbar und von besonderem Interesse, um die Verbindung zu den vorgenannten Ansätzen herzustellen.

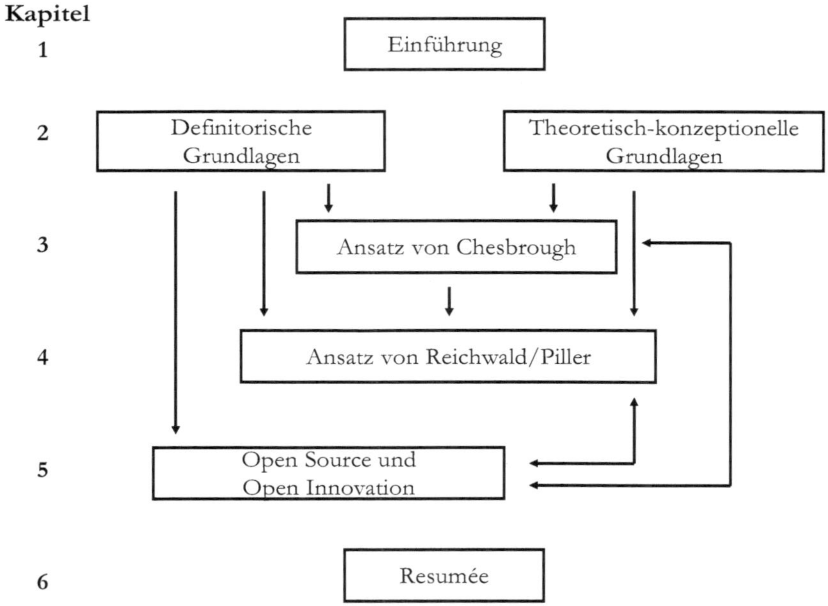

Abb. 1: Gang der Arbeit[1]

Die Reihenfolge der drei Hauptkapitel 3, 4 und 5 entspricht dem top-down Prinzip. Sie entspricht einerseits dem abnehmenden Umfang der betrachteten externen Wissensquellen und andererseits den Ebenen, auf denen die Open Innovation Ansätze verwendet werden: von einer starken Position des Unternehmens, über eine lediglich koordinierende Funktion, hin zum gezielten Ausschluss kommerziellen Handelns. Zudem wird versucht, die auf dem Gebiet der Open Source erkenn-

[1] Quelle: eigene Darstellung.

baren Zusammenhänge zwischen den drei Ansätzen darzustellen. Primär beobachtbare Anomalien aus der unternehmerischen Praxis zeigen sich hierbei dafür verantwortlich, dass die wissenschaftliche Theoriebildung angeregt wurde. Um einen besseren Zugang zu den betrachteten Aspekten zu bekommen, beginnt deshalb jedes der drei Kapitel mit einer kurzen einführenden Fallstudie, auf die im Verlauf des jeweiligen Abschnitts Bezug genommen wird.

Den Abschluss der vorliegenden Arbeit bildet die konkludierende Betrachtung der wichtigsten Ergebnisse und Erkenntnisse sowie der Formulierung aussagekräftiger Implementierungsempfehlungen und sich daraus ergebender Fragestellungen.

2 Definitorische und theoretisch-konzeptionelle Grundlagen

2.1 Definitorische Grundlagen

2.1.1 Wissen

Grundlagen des Wissens

Nähert man sich dem Begriff Wissen auf eine kategorisierende Weise, so muss man sich mit dessen kontextualen Ursprung beschäftigen. Aus Daten werden durch Belegung mit Semantik Informationen. Werden diese Informationen sinnvoll verknüpft und erfolgt deren pragmatische Vernetzung, so entsteht Wissen.[1] Wissen lässt sich als die komplexe Sammlung von Daten charakterisieren; Information per se beschreibt lediglich einfache und diskrete Daten, die eine Teilmenge des Wissens bilden und die erforderlich ist, um Wissen anzustoßen und zu formalisieren.[2]

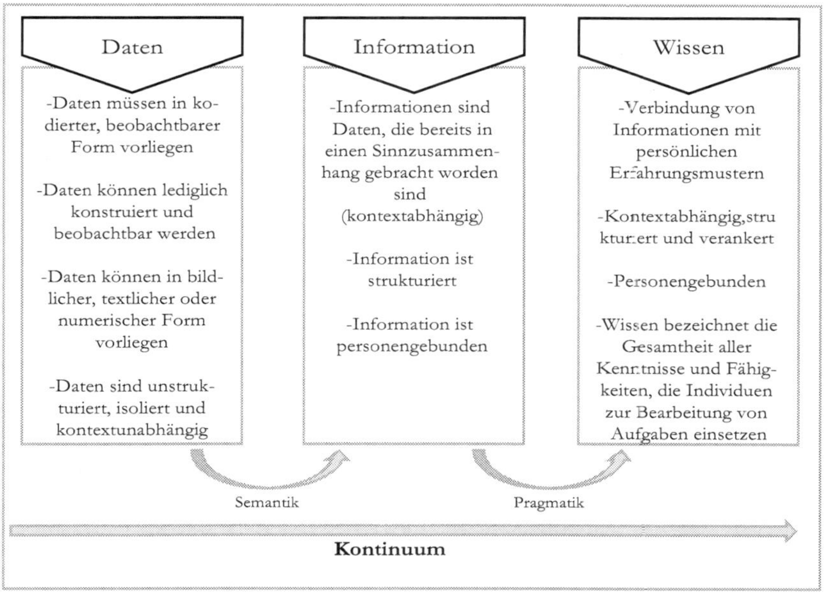

Abb. 2: Abgrenzung von Daten, Information und Wissen[3]

[1] Vgl. Bodendorf, F.: Daten- und Wissensmanagement, Berlin/Heidelberg 2003, S. 1f.

[2] Vgl. Gassmann, O.: Internationales F&E-Management, München 1997, S. 26 und Gehle, M.: Internationales Wissensmanagement, Wiesbaden 2006, S. 24.

[3] Quelle: in Anlehnung an: Peterson, M.: Wissensmanagement in der strategischen Unternehmensberatung, 2001, S. 32, Abb. 3.

Das Wissen kann aus einer statischen Perspektive als Inputfaktor bzw. Ressource verstanden werden, die handelbare sowie transportier- und speicherbare Eigenschaften besitzt. Aus einer pragmatischen Perspektive betrachtet, stellt verfügbares Wissen, dass in einer handlungsleitenden Weise genutzt wird, Kompetenz dar. Mit Wissen ist somit die Aneignung von Kompetenz, also Lernen, verbunden.[1] Auch die aktuellen Forschungen mit dem Schwerpunkt Wissensmanagement[2] brechen mit der Ansicht, dass Wissen, Daten und Informationen als identische Begriffe verwendbar sind. Eine verbreitete Lehrmeinung nimmt den Standpunkt ein, dass Wissen eine statische Entität sei, während Information stets Übertragung, also ein dynamisches Moment, beinhalte.[3]

Ohne sich auf eine spezielle Ansicht festlegen zu wollen, kann konstatiert werden, dass die absolute, statische Betrachtung zu restriktiv gewählt scheint. Die Vorstellung eines Kontinuums zwischen Daten, Information und Wissen erscheint tragfähiger, da die Grenze zwischen Information und Wissen fließend ist und beide stets zusammenspielen.[4] Die Kenntnisse und Fähigkeiten, die zur Problemlösung eingesetzt werden können, erzeugen das Wissen. Die prozessuale Verwertung von Informationen zur Bildung einer Erwartung über Ursache-Wirkungsbeziehungen als auch die dynamische Konstruktion von Zusammenhängen beinhalten inhärent Subjektivität und obliegen dem Individuum oder auf aggregierter Ebene der Organisation.[5]

Implizites und explizites Wissen

Um einer qualitativen Darstellung des Wissensbegriffs gerecht zu werden, bietet die Klassifikation nach der Wissensform, d.h. die Unterscheidung in eine implizite und

[1] Vgl. Peine, A.: Innovation und Paradigma, Bielefeld 2006, S. 23.

[2] Wissensmanagement bezeichnet die Suche, Beschaffung und Kombination von Informationen, die geeignet sind, die Ungewissheit zu reduzieren, sowie Mobilisierung von verborgenem, vergessenem, geheim gehaltenem und nicht artikulierbarem Wissen. Vertiefend hierzu: Hauschildt, J.; Salomo, S.: Innovationsmanagement, 4., überarbeitete, ergänzte und aktualisierte Auflage, München 2007, S. 43 und S. 45

[3] Vgl. Stock, W.G.: Informationswirtschaft, München/Wien 2000, S. 40f.

[4] Vgl. Bodendorf, F.: a.a.O., S. 2 und Bozjeloye, A.: Customer Knowledge Management, Saarbrücken 2007, S. 37.

[5] Vgl. Gassmann, O.: F&E-Management, a.a.O., S. 27 und Gehle, M.: Internationales Wissensmanagement, Wiesbaden 2006, S. 25.

eine explizite Komponente, eine geeignete Alternative.[1] Diese Einteilung trägt der im asiatischen Raum verbreiteten Ansicht Rechnung, die Eigenheiten impliziten Wissens aufgrund dessen intuitiven und subjektiven Charakters sieht.

Implizites Wissen ist mit einem hohen Grad an Bindung an das Individuum assoziiert, weswegen es auch individuelles Wissen genannt wird. Es basiert auf Erfahrungen, die durch Anwendung und persönliche Erlebnisse ebenso wie durch die eigenständige Analyse von Ursache-Wirkungsbeziehungen geprägt wurden.[2] Durch seine Vielschichtigkeit ist es im Individuum verborgen und stellt unterbewusst wirkendes Wissen dar, es entzieht sich somit dem formalen Ausdruck und lässt sich nur schwer mitteilen.[3] Kognitives Wissen als Element des impliziten zeigt sich in Modellen, mit denen die Realität verstanden und definiert werden kann, handwerkliches Können und konkretes Know-how bilden das technische Element des impliziten Wissens. Kann diese „*informelle, schwer beschreibbare und aufwendig zu vermittelnde Art von Wissen*"[4] artikulierbar und austauschbar gemacht und im Problemlösungsprozess eingesetzt werden, entsteht neues Wissen, das durch seine Übertragbarkeit als explizites oder auch kodifiziertes Wissen bezeichnet wird.[5] In dieser Form des Wissens ist es nicht mehr an das Individuum gebunden und kann von einer großen Zahl von Nutzern verwendet und ggf. verinnerlicht werden. Dieser objektive Typ von Wissen ist zu einem günstigen und überall erhältlichen Produktionsfaktor geworden, hervorgerufen durch die Speicher- und Distributionsmöglichkeiten, die das Fortschreiten der I&K-Technologie bietet.[6]

---

[1] In der ökonomischen Theorie wird das ökonomische Wissen vom ökonomischen Subjekt getrennt. Vertiefend hierzu: Nonaka, S. 48. Im Folgenden wird jedoch die komplementäre Austauchbeziehung nach Polanyi, M.: Implizites Wissen, Frankfurt am Main, 1985, z.B. S.83f., verfolgt.

[2] Vgl. Gehle, M., a.a.O., S. 26.

[3] Vgl. Bierbrauer, S.: Das Modell zur Wissensschaffung im Unternehmen nach Nonaka und Takeuchi, in: Wissensschaffung nach Nonaka und Takeuchi, Arbeitspapier Wissensmanagement 4/2000, Fachhochschule Stuttgart, 2000, S. 5.

[4] Nonaka, I.; Takeuchi, H., a.a.O., S. 19.

[5] Vgl. Gehle, M., a.a.O., S. 27 und Peterson, M.: Wissensmanagement in der strategischen Unternehmensberatung, Wiesbaden 2001, S. 34

[6] Vgl. Klodt, H.: The Essence of the New Economy, Kiel 2001, S. 3f.

Transformationsprozesse des Wissens

Die Möglichkeit, implizites Wissen zu externalisieren und in eine explizite Form zu bringen wird im Modell von Nonaka und Takeuchi gezeigt. Durch kontinuierliche Transformation zwischen implizitem und explizitem Wissen kann neues Wissen erzeugt werden und seine Entstehung durch aktive Einflussnahme durch Organisationselemente angeregt werden. Der Ursprung des Wissens, ob aus internen Elementen oder aus externen Quellen bezogen, verliert an Bedeutung. Mit dieser Unterscheidung ändert die Sichtweise auf Unternehmen, die im westlichen Verständnis meist als Organisation zur Verarbeitung von explizitem, intern verfügbarem internem Wissen gelten. Im Gegensatz dazu erscheint eine Organisation, die sich auch mit dem individuellen Wissen beschäftigt, als aufnahme- und abgabefähiger Organismus.[1]

Es existieren kritische Betrachtungen zum Ansatz von Nonaka und Takeuchi, bspw. wird die mangelnde theoretische Hinterlegung in Einklang mit bestehenden Modellen angesprochen; der weitwinkligere Blick dieses Modells besitzt hingegen den Vorteil, dass Prozesse, die im Rahmen von unternehmerischen Wissensschaffungs- und folglich Wertschöpfungsaktivitäten ablaufen, eingehender untersucht werden können.[2]

2.1.2 Innovation

Innovationsbegriff

Dem Begriff Innovation haftet aus Mangel an einer allgemein verbindlichen Definition trotz häufiger Verwendung Unschärfe an.[3] Bedeutungsanalytisch lässt sich aus der Übersetzung des lateinischen Ursprungsbegriffs *innovatio* dessen Charakter der Neuerung, Neueinführung, Neuheit und Neuartigkeit herleiten.[4] Wirtschaftstheoretische Bedeutung erfuhr die Bezeichnung Innovation erstmals im Rahmen der Ar-

---

[1] Vgl. Nonaka, I.; Takeuchi, H., a.a.O., S. 19f.

[2] Vgl. Spaleck, S.: Rezeption und Kritik des Ansatzes von Nonaka und Takeuchi durch Essers, Schreinemakers und Schreyögg, in: Wissensschaffung nach Nonaka und Takeuchi, Arbeitspapier Wissensmanagement 4/2000, Fachhochschule Stuttgart, 2000, S. 12f.

[3] Einen Überblick über verschiedene Ansätze der Definition liefet Hauschildt, J., Salomo, S., a.a.O., S. 4ff.

[4] Vgl. Walcher, D.: Der Ideenwettbewerb als Methode der aktiven Kundenintegration, Wiesbaden 2007, S. 13.

beiten von J. Schumpeter, der hierunter nicht nur Invention[1] bzw. technische Innovation verstand, sondern auch Prozess- und Organisationsinnovationen.[2] Nach Analyse verschiedener einschlägiger Begriffsbestimmungen kommt Hauschildt zu dem Ergebnis, dass Innovation inhärent die Neuartigkeit von Produkten oder Verfahren anhaftet.[3] Diese Neuartigkeit, welche die Forderung nach Wahrnehmbarkeit impliziert, zeigt sich im dynamischen Vergleich zu vormals gebräuchlichen Produkten und Verfahren. Zweck und Mittel werden in einer bisher nicht bekannten Form verknüpft und haben sich in der praktischen Anwendung zu bewähren. In der Literatur wird Innovation im engeren Sinne und im weiteren Sinne gebraucht.

Innovation im engeren Sinne

Die erstmalige wirtschaftliche Anwendung einer gereiften, neuartigen Idee wird als Innovation bezeichnet.[4] Der zuvor ablaufende Problemlösungsprozess kann initiiert werden durch den von der Nachfrage entstandenen Druck (demand-pull) oder durch technologische Entwicklungen, die auf Basis des unternehmensinternen Technologiepotentials realisiert werden (technology-push). Ist nach einem Problemlösungsprozess eine erstmalige technische Lösung, z.B. in Form eines Prototyps, generiert bzw. eine konkrete Konzeptentwicklung in der vormarktlichen Phase geschaffen worden, so wird diese mit dem Begriff der Erfindung oder auch Invention belegt. Auf die erstmalige technische Realisierung folgt bei Aussicht auf wirtschaftlichen Erfolg die Fokussierung betrieblicher Aktivitäten auf die Verwertung am Markt. Zwischen dem Vorliegen einer Invention und einer Innovation erfolgen demnach die Fertigungsvorbereitung und die Markterschließung mit dem Ziel der Erreichung unternehmerischen Erfolgs.[5]

Innovationen im engeren Sinne lassen sich nach einer Vielzahl von Einteilungskriterien aufschlüsseln. Hier behandelt werden sollen lediglich die Dimension

---

[1] Mit dem Begriff Invention ist die im Ergebnis von Forschung und Entwicklung entstandene erstmalige technische Realisierung neuer Kombinationen wissenschaftlicher Problemlösungserkenntnisse gemeint. Hierzu: Pleschak, F.; Sabisch, H.: Innovationsmanagement, Stuttgart 1996, S. 6.

[2] Vgl. Schumpeter, J.: Theorie der wirtschaftlichen Entwicklung, Nachdruck der 1. Auflage von 1912, Berlin 2006, S. 158ff.

[3] Vgl. Hauschildt, J.; Salomo, S., a.a.O., S. 7ff.

[4] Vgl. Horsch, J.: Innovations- und Projektmanagement, Wiesbaden 2003, S. 6.

[5] Vgl. Brockhoff, K.: Forschung und Entwicklung, 5., ergänzte und erweiterte Auflage, München Wien 1999., S. 37 und Hübner, H.: Integratives Innovationsmanagement, Berlin 2002, S. 20.

der Innovationsart und daneben auch die Frage, wie der Grad einer Neuerung gekennzeichnet werden kann. Die Dimensionen der Innovationen können einerseits in Prozessinnovationen und andererseits in Produktinnovationen unterteilt werden. Prozessinnovationen bezeichnen effizienzsteigernde Abläufe, die auf die Kombination der Faktoren hinsichtlich Kosten, Zeit, Sicherheit und Qualität optimierend wirken. Produktinnovationen tangieren die marktliche Verwertung, die beim Kunden als wahrgenommene Neuerung erscheint und primär das Ziel der Effektivitätssteigerung verfolgt.[1] Produktinnovationen müssen sich auf dem Markt etablieren, die Etablierung von Prozessinnovationen hingegen kann innerbetrieblich im Rahmen von hierarchischer Macht erzwungen werden. Einige Autoren kritisieren jedoch die strikte Trennung der beiden Begriffe und verweisen auf den sich gegenseitig bedingenden Charakter, sowie die Kongruenz bei z.B. Dienstleistungen.[2]

Der Grad der Neuheit einer Innovation wird anhand des Verhältnisses zwischen Zweck des Innovationsobjektes und Mitteln, mit denen dieser Zweck erreicht wird, festgestellt. Bei geringer Neuartigkeit spricht man von Verbesserungs- oder inkrementellen Innovationen, bei hohem Innovationsgrad von radikalen Innovationen.[3] Inkrementelle Innovationen basieren meist auf vorhandenem Wissen und sind durch geringe technologische und die Verwertungsmöglichkeiten betreffende Unsicherheit gekennzeichnet. Diese Verbesserungsinnovationen werden durch die Anwendung von Strategien, wie z.B. dem Continuous Improvement Process (CIP), für Unternehmen zur Routine und durch ständige Betrachtung beherrschbar.[4] Von mittlerem Neuheitsgrad sind Marktinnovationen, bei denen bekannte Technologien auf neuen Märkten angewandt werden oder technische Innovationen, bei denen bekannte Märkte mit neuen technischen Lösungen bedient werden. Radikale Innovationen zeichnen sich durch sehr hohe Unsicherheit bezüglich der Marktakzeptanz aus und ihre technologische Umsetzbarkeit zu Beginn des Innovationsprozesses ist unbekannt.[5] Sie stellen die größte Herausforderung an das

---

[1] Vgl. Walcher, D., a.a.O.,, S. 13f.

[2] Vgl. Hauschildt, J.; Salomo, S., a.a.O., S. 9.

[3] Vgl. Seeger, S.: Von der Innovationsflut zum wirtschaftlichen Erfolg, in: Engel, K.; Nippa, M. (Hrsg.) : Innovationsmanagement, Heidelberg 2007, S. 112f.

[4] Vgl. Hauschildt, J.; Salomo, S., a.a.O., S.VI.

[5] Vgl. Walcher, D., a.a.O., S. 17.

Management dar, um jenseits der bekannten und angewandten Verfahren Produkte und Prozesse zu generieren.

Innovation im weiteren Sinne

Im weiteren Sinne beinhaltet Innovation eine prozessuale Dimension. Zwecks einer ersten Annäherung ist die Darstellung des idealtypischen Innovationsprozesses in Form eines linearen Phasenmodells, in dem Phasen der Problemlösung durch zeitliche Segmente eingeteilt werden, möglich.[1]

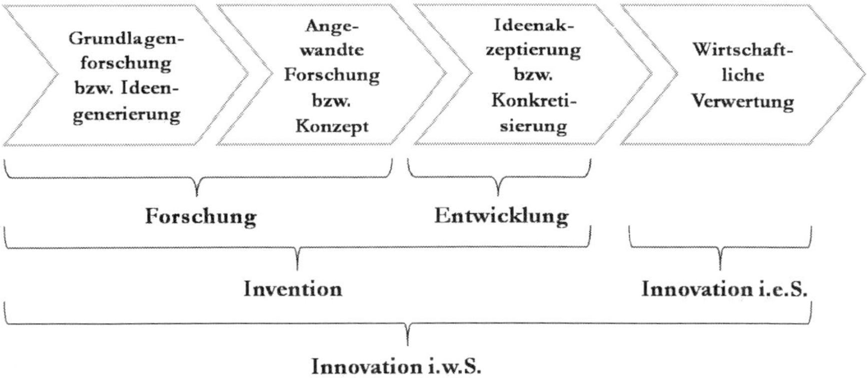

Abb. 3: Innovation im weiteren Sinne: Invention und Innovation[2]

In einer Vielzahl von Ansätzen werden verschiedene Kriterien erwähnt, nach denen sich die Phasen des Innovationsprozesses abgrenzen lassen. Allgemein gebräuchlich und hier exemplarisch dargestellt ist eine Unterteilung in Ideengenerierung, Ideenakzeptierung und Ideenrealisierung, in der die Begriffe Forschung und Entwicklung verortet werden können.[3] Die von hoher Unsicherheit geprägte frühe Phase der Ideengenerierung beginnt mit der Ideenfindung und -bewertung und schließt mit einem ersten formalisierten Ansatz, einem Konzept, ab. Diese Forschungsphase ist kaum koordiniert und verläuft meist unsystematisch. Hierauf folgt

[1] Vgl. Walcher, D., a.a.O., S. 14.

[2] Quelle: in Anlehnung an: Brockhoff, K.: Entwicklung, a.a.O., S. 38, Abb. 2.6., und: Corsten, H.; Gössinger, R., Schneider, H.: Grundlagen des Innovationsmanagements, 2006, S. 34, Abb. 1-13 und Abb. 1-14.

[3] Vgl. Corsten, H.; Gössinger, R.; Schneider, H.: Grundlagen des Innovationsmanagements, München 2006, S. 35 und Brockhoff, K.: Entwicklung, a.a.O., S. 38f.

die Ideenakzeptierung, d.h. die Entwicklungstätigkeit. Hierbei wird auf dem Konzept basierend an einer Konkretisierung gearbeitet. Bei physischen Entwicklungen schließt sich die Prototypengenerierung an, bevor nach erfolgreicher Erprobungsphase die Ideenrealisierung in Form von wirtschaftlicher Verwertung mittels Produktions-, Marketing- und Markteinführung durch das Unternehmen folgt.[1]

Hauptkritikpunkte des idealtypischen Phasenmodells stellen das mechanistische Bild und die zum Teil willkürlich vorgenommene Abgrenzung der Phasen dar. Studien über den Innovationsprozess belegen, dass sich dieser nicht linear vollzieht, sondern durch rekursive Schleifen und Brüche im Ablauf gekennzeichnet ist.[2] Zum Zweck der Komplexitätshandhabung bieten Phasenmodelle jedoch einen hinreichenden Rahmen der Annäherung.

2.2 Theoretisch-konzeptionelle Grundlagen

2.2.1 Transaktionskostentheorie

Transaktionskosten

Eine Transaktion bezeichnet den Austausch von Gütern oder technischer ausgedrückt die Übertragung von Verfügungsrechten zwischen zwei Akteuren. Teilnehmer des Transfers können hierbei Individuen sein, daneben finden in der ökonomischen Betrachtung Transaktionen auch zwischen wirtschaftlichen Einheiten wie Betrieben oder Organisationen statt.[3] Objekte des Tauschs bzw. Tauschprozesses sind nicht nur Leistungen; weitreichender werden sie definiert als alle Aktivitäten umfassend, *„die der Vorbereitung, Durchführung, Kontrolle und Nachbereitung des Transfers eines Produktes oder einer Dienstleistung dienen.“*[4] Zwecks Operationalisierung unterscheidet Williamson Transaktionen nach den Merkmalen Spezifität, Unsicherheit und Häufigkeit. Der Spezifitätsgrad wird definiert als der Wertverlust, der entsteht,

---

[1] Vgl. Pleschak, F.; Sabisch, H., a.a.O., S. 6.

[2] Vgl. Corsten, H.; Gössinger, R.; Schneider, H., a.a.O., S. 35 und Hauschildt, J.; Salomo, S., a.a.O., S. 356.

[3] Vgl. Jost, P.-J.: Der Transaktionskostenansatz im Unternehmenskontext, in: derselbe (Hrsg.): Der Transaktionskostenansatz in der Betriebswirtschaftslehre, Stuttgart 2001, S. 10.

[4] Heydebreck, P.: Technologische Verflechtung, Frankfurt am Main 1996, S. 25. Hervorhebung durch den Verfasser.

wenn die benötigten Ressourcen nicht wie festgelegt verwendet werden können.[1] Dieser ist besonders hoch, wenn ein Vertragspartner explizit für den Kontrakt Investitionen in Produktionsfaktoren getätigt hat, die danach nicht für andere Wertschöpfungsaktivitäten verwendet werden können und somit das Verhältnis von sunk costs zu Einbringungskosten annähernd eins beträgt. Das mit dem Erfolg der Transaktion verbundene Risiko wird als Unsicherheit bezeichnet. Unsicherheit besteht über die Umweltbedingungen zum Zeitpunkt der Vertragserfüllung, über das Verhalten des Vertragspartners aufgrund von Kommunikationsmängeln sowie über dessen strategisches Verhalten. Drittes die Vertragsform beeinflussendes Merkmal ist die Häufigkeit, mit der gleichartige Transaktionen durchgeführt werden.[2]

Aus der Definition der Transaktion ergibt sich die Definition der Transaktionskosten: Es sind alle Kosten, die im Rahmen des Austauschs und bei der Übertragung von Verfügungsrechten anfallen. Die mit der Koordinationsform variierenden Kosten werden als Transaktionskosten bezeichnet, sofern sie nicht als Produktionskosten anzusehen sind.[3] Vorwiegend asymmetrische Informationen und opportunistisches Verhalten der Teilnehmer sind verantwortlich für diese Kosten: Es entsteht zusätzlicher Aufwand für Information und Kommunikation durch den Zwang zu institutioneller Absicherung.[4] Die Höhe der Kosten wird durch die Eigenschaften der getauschten Leistung und die gewählte Koordinationsform determiniert. Wird eine ineffiziente Institution verwendet, so entstehen Transaktionskosten der Nutzung dieser Institution in Höhe des Wohlfahrtsverlustes.[5]

Transaktionskostenansatz

Die Grundhypothese des Ansatzes bildet die Aussage, dass im Gegensatz zur Neoklassik auch der Preismechanismus des Marktes Kosten verursacht.[6] Es wird die Frage behandelt, wie Firmen und industrielle Organisationen entstehen und wie deren Entwicklung erklärbar ist. Zentraler Bedeutung wird der Koordinationskom-

---

[1] Vgl. Dillerup, R.; Stoi, R.: Unternehmensführung, München 2006, S. 20.

[2] Vgl. Martiensen, J.: Institutionenökonomik, München 2000, S. 285f. und Dillerup, R.; Stoi, R.: a.a.O., S. 20.

[3] Vgl. Ganske, T.: Mitbestimmung, Property-Rights-Ansatz und Transaktionskostentheorie, Frankfurt am Main 1996, S. 111.

[4] Vgl. Maselli, A.: Spin-offs zur Durchführung von Innovationen, Wiesbaden 1997, S. 123.

[5] Vgl. Martiensen, J., a.a.O., S. 117.

[6] Vgl. Coase, R.H.: The Nature of the Firm, in: Economica, New Series, No.16. (1937), S. 390.

ponente beigemessen, die aus dem Prinzip der Arbeitsteilung resultiert und über die Effizienz einer Austauschbeziehung entscheidet. Das Ziel stellt die Minimierung der Transaktionskosten dar, deren Ausprägung durch die Art der Institution[1] unmittelbar beeinflusst wird.[2] Bei Kenntnis der Höhe der Steuerungskosten sind diese adäquat zur Beurteilung der Effizienz und zur Auswahl des institutionellen Arrangements.[3] Entstehen durch einen Leistungsaustausch am Markt geringere Transaktionskosten als über die unternehmensinterne Koordination, so wird der Nutzen maximierende Akteur die Leistung über den Markt beziehen. Das Transaktionskostenminimum kennzeichnet die Effizienz einer Organisation.[4]

Williamson berücksichtigt in seiner Darstellung detailliert auch Hybridformen und erweitert damit die von Coase in seinem Werk genannten klassischen Koordinationsformen Markt und Unternehmung. Bei zunehmender Ressourcenspezialisierung nimmt die Abhängigkeit zu. Die Steuerungskosten sind beim Markt am geringsten, in der Hierarchie aufgrund höherer Spezifität am höchsten. Die Hybridform nimmt in Bezug auf die Anpassungsfähigkeit eine Mittelstellung zwischen marktlicher und hierarchischer Organisation ein. „*Transaktionsbeziehungen, die Anpassungsreaktionen auf Störungen erfordern, die weder überwiegend autonom noch bilateral, sondern eine Mischung beider darstellen, können in einer Hybridform organisiert werden.*“[5]

---

1 Institution im Sinne von Koordinationsform, nicht als statisches Konstrukt.

2 Vgl. Dillerup, R.; Stoi, R., a.a.O., S. 19f. und Heydebreck, P., a.a.O., S. 25.

3 Vgl. Picot, A.; Reichwald, R.; Wigand, R.T.: Die grenzenlose Unternehmung, 5., aktualisierte Auflage, Wiesbaden 2003, S. 49f.

4 Vgl. Macharzina, K.; Wolf, J.: Unternehmensführung, 5., grundlegend überarbeitete Auflage, Wiesbaden 2005, S. 49.

5 Williamson, O.E., a.a.O., S. 190.

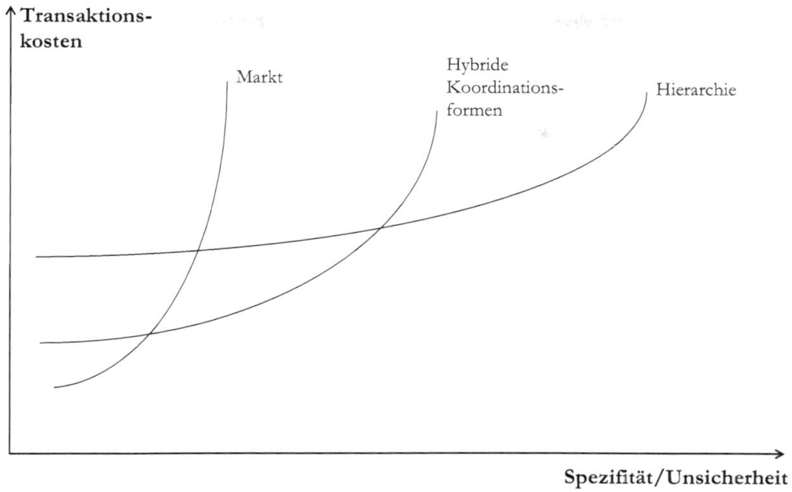

Abb. 4: Institutionelle Steuerungskosten als Funktion von Ressourcenspezialisierung[1]

Mittels der Transaktionskostentheorie lässt sich erklären, welche Organisationsform den durch die Arbeitsteilung entstehenden Problemen bestmöglich begegnet. Die jeweilige Koordinationsform, welche bei gegebener Ressourcenspezialisierung die Transaktionskosten minimiert, stellt die nach dieser Theorie adäquate Wahl dar.

2.2.2 Theorien des strategischen Managements

Resource-based View

Der Resource-based View (RbV) als unternehmensorientierte Führungstheorie erklärt die Existenz von erfolgreichen und von weniger erfolgreichen Firmen durch systematische und empirisch beobachtbare Unterschiede in der Ressourcenausstattung in einem Zeitpunkt. Diese Heterogenität der Ressourcenvoraussetzung, auch

[1] Quelle: in Anlehnung an: Williamson, O.E.: Vergleichende ökonomische Organisationstheorie: Die Analyse diskreter Strukturalternativen, in: Kenis, P.; Schneider, V. (Hrsg.): Organisation und Netzwerk, 1996, S. 191, Abb. 1.

umschrieben als Unterschied in der Effizienz der Ressourcen, ist verantwortlich für eine divergierende langfristige Geschäftsentwicklung.[1]

Der RbV ist aus dem Market-based View (MbV) entstanden. Dieser basiert auf dem Structure-Conduct-Paradigma[2] der Industrieökonomik und beherrschte in den 1980er Jahren die Analyse strategischen Managements. Diese Theorie berücksichtigte jedoch nicht die Relevanz von Faktormärkten und die unternehmensspezifischen Ressourcen, die für den nachhaltigen wirtschaftlichen Erfolg der Wertschöpfungsaktivitäten verantwortlich sind.[3]

Der in der Folgezeit die Theorie beherrschende RbV fokussiert die Betrachtung auf die heterogene Ressourcenausstattung von Unternehmen. Ressourcen bezeichnen Verfügungsrechte über Quellen und Potentiale der Wertschöpfung und werden im Gegensatz zu erwerbbaren Produktionsfaktoren verkörpert durch unternehmensspezifische materielle und immaterielle Wirtschaftsgüter, deren Duplikation für Wettbewerber nicht leicht vollziehbar ist.[4] Wettbewerbsvorteile entstehen durch komparative und permanente Ausstattungsvorteile, die durch den Zwang zum wirtschaftlichen Umgang mit Faktoren entstehen.[5] Die Entscheidung über die Werthaltigkeit einer Ressource bleibt jedoch subjektiv geprägt und ex-ante nicht vorhersagbar. Eingeschränkte Mobilität der vorhandenen Ressourcen zeigt sich in dem Ansatz dafür verantwortlich, dass im Zeitablauf die Ausstattungsunterschiede stabil auftreten.[6]

Erweitert wurde der RbV um den Resource-dependence View (RdV), der neben den internen auch die externen Ressourcen berücksichtigt und somit eine Erklärung für Netzwerke liefert. Die Transaktionskostentheorie geht davon aus,

---

[1] Vgl. Müller-Stewens, G.; Lechner, C.: Strategisches Management, 2., überarbeitete und erweiterte Auflage, Stuttgart 2003, S. 357.

[2] Das Paradigma besagt, dass sich das Ergebnis einer Branche durch die Rahmenbedingungen und das Verhalten der Unternehmen in ihr erklären lässt.

[3] Vgl. Macharzina, K.; Wolf, J., a.a.O., S. 67 und Herrmann, A.; Huber, F.; Tomczak, T.: Determinanten radikaler Produktinnovationen, in: Belz, C.; Schögel, M.; Tomczak, T. (Hrsg.): Innovation Driven Marketing, Wiesbaden 2007, S. 169.

[4] Vgl. Freiling, J.: Resource-based View und ökonomische Theorie, Wiesbaden 2001, S. 5ff.

[5] Vgl. Träger, S.: Erklärung von Wettbewerbsvorteilen durch strategisches Kompetenzmanagement, in: Burmann, C.; Freiling, J.; Hülsmann, M. (Hrsg.): Neue Perspektiven des Strategischen Kompetenz-Managements, Wiesbaden 2006. S. 41.

[6] Vgl Al-Laham, A.: Organisationales Wissensmanagement, München 2003, S.112.

dass die im Mittelpunkt der Untersuchung stehende Leistung unabhängig von der Verfügungsstruktur ihrer Erstellung identisch ist, d.h. es können die gleichen Inputfaktoren sowohl über marktliche als auch über interne Strukturen gleich produktiv genutzt werden. Der RdV konzeptioniert die im Vordergrund stehende Leistung hingegen als einzigartig, d.h. spezifisch für die sie erstellende Unternehmung. Durch einzigartige Bündelung sind Inputfaktoren bei einer internen Verfügungsstruktur produktiver als bei einer Bündelung über Märkte.[1] Kritisch ist die Beschränkung des RbV mit Hinblick auf die ex-post Beschränkung des Wettbewerbs, der durch unvollständige Substituierbarkeit und Imitierbarkeit abgewendet wird.[2]

Competence-based View

Ressourcen bezeichnen Verfügungsrechte. Die Feststellung, dass nicht nur die Möglichkeit der Verfügung über Ressourcen, sondern auch die gezielte Nutzung notwendig ist, stellt den Ausgangspunkt für den Competence-based View (CbV) dar. Kompetenzen beziehen sich sowohl auf die individuellen als auch auf die organisationalen Fähigkeiten, Inputgüter und Ressourcen durch kollektives Handeln zur Steigerung des Unternehmenserfolgs zu kombinieren.[3] Für den CbV spricht der Befund, dass trotz einer Vielzahl von Beteiligten in einer Organisation nur wenige Akteure über Entscheidungsbefugnis verfügen. Zentrale Bedeutung kommt folglich den subjektiven Eigenschaften weniger Individuen zu, auf die sich der Erfolg einer Organisation zurückführen lässt. Es bedarf verschiedener Kompetenzen, um aus den Ressourcen, die dem Unternehmen zur Verfügung stehen, Wettbewerbsvorteile gegenüber den relevanten Konkurrenten aufbauen zu können und damit bessere Ergebnisse zu erhalten. Die zunehmende Dynamisierung der Veränderungen im Unternehmensumfeld wird fokussiert betrachtet.[4] Das Unternehmen gilt nicht mehr als ein Bündel von Ressourcen, sondern als variabel aufgebaut und flexibel handelnd. Individuen sind für die zielorientierte Kombination der dynamisch wechselnden Verfügungsrechte über Quellen und Potentiale der Wertschöpfung verantwortlich. Im CbV wird der bestehende Wettbewerb in eine Faktor- und eine

---

[1] Vgl. Al-Laham, A.: a.a.O., S.125.

[2] Vgl. Müller-Stewens, G.; Lechner, C., a.a.O., S. 359.

[3] Vgl. Freiling, J., a.a.O., S. 24.

[4] Vgl. Freiling, J.; Gersch, M.; Goeke, C.: Notwendige Basisentscheidungen auf dem Weg zu einer Competence-based Theory of the Firm, in: Burmann, C.; Freiling, J.; Hülsmann, M. (Hrsg.), a.a.O., S. 6.

Marktkomponente unterschieden. Die Knappheit und der damit verbundene Wert des nachgefragten Gutes entscheiden über die Intensität, mit der die Teilnehmer auftreten.[1] Die Fähigkeit, aus knappen Ressourcen einen im Vergleich zu Konkurrenten höheren Output generieren zu können, kennzeichnet Wettbewerbsvorteile.

Die Ausstattungsvorteile eines Unternehmens im RbV waren bisher für die Wettbewerbsvorteile ausschlaggebend. Nicht mehr die Effizienz der Ressourcen, die im RbV ex-ante vorgegeben war, erklärt die Erfolgsunterschiede, sondern durch die Individuen, welche in dem Unternehmen entscheiden. Effizienzunterschiede sind im CbV das konsekutive Ergebnis der auf den Kompetenzen basierenden Aktionen. Diese Sicht wird um eine dynamische Komponente erweitert, indem Anpassungs- und Innovationsvorteile den Grund für permanenten Wettbewerbserfolg liefern. Wettbewerbsfähigkeit entsteht durch die Fähigkeit, Werte in Form von Leistungen zu generieren oder Ressourcen gewinnbringend umzuwandeln.[2]

Mit Kompetenzen ist Wissen, Können und Wollen verbunden. Die Wissensbasis eines Unternehmens ist aus strategischer Sicht wichtig, da sie sich zu einem permanenten, einzigartigen und die Nachahmung erschwerenden Wettbewerbsvorteil entwickeln kann.[3] Wissen als nur kontextabhängig monetär ausdrückbare Größe erschwert die Planung, Steuerung und Kontrolle. Um eine nachhaltig positive Unternehmensentwicklung zu erzielen, ist dem kontinuierlichen Wandel durch die permanente Verbesserung der Fähigkeiten zu begegnen. Individuelles Lernen, die Öffnung für äußere Einflüsse sowie die notwendige Weiterentwicklung und flexible Anpassung der Organisation verfolgen das Ziel, auf die sich dynamisch ändernden Umweltbedingungen reagieren zu können.

---

[1] Vgl. Träger, S., a.a.O., S. 42f.

[2] Vgl. ebenda, S. 43f.

[3] Vgl. Al-Laham, A., a.a.O., S. 161.

3 Open Innovation Ansatz von Chesbrough

3.1 Fallstudie „Intel“

Intel Corp.[1] wurde 1968 von zwei früheren Mitarbeitern der Firma Fairchild Camera and Instrument, die u.a. im Bereich der Halbleiterindustrie tätig war, gegründet. Aus Unmut über das Management dieser Sparte verließen Gordon Moore und Robert Noyce Fairchild, verselbstständigten sich mit ihren Ideen und konnten schnell technologische Durchbrüche, wie z.B. die Entwicklung des „dynamic random access memory“ (DRAM) Chips sowie die Erfindung des weltweit ersten Mikroprozessors, erzielen. Dessen Verwendung für den Bau von IBMs ersten Personal Computer war gleichbedeutend mit der Schaffung eines Industriestandards durch Intel und sorgte lange Zeit für erhebliche Monopolgewinne. Eine gezielte Werbekampagne in den 1990er Jahren etablierte Intel als Marke auf dem Markt für Mikroprozessoren und sollte helfen, die eigene Marktposition gegen aufkommende Wettbewerber, wie z.B. Advanced Mirco Devices (AMD) und Cyrix, zu verteidigen.

Intel kommt ohne kostenintensive Investitionen im Bereich der Grundlagenforschung aus, man profitiert durch z.B. Zukäufe von fremden Inventionen und Patenten. Intels F&E-Aktivitäten werden an Produktionsstandorten realisiert, wodurch ein enger Bezug zwischen wissenschaftlicher und technischer Herangehensweise hergestellt werden kann. Man verzichtet bewusst auf ein traditionelles Forschungslabor und etablierte stattdessen drei dezentrale Forschungslabore, welche, dem eigenen Geschäftsmodell entsprechend, die Verkettung der Wertschöpfung widerspiegeln: Labore für die Erforschung von Komponenten, von Mikroprozessoren und der Systemarchitektur. Jedes dieser Labore hat zur Aufgabe, zu Intel komplementäre externe Wissensquellen zu untersuchen und das Wissen in die interne Wissensgenerierung einfließen zu lassen. Die Zusammenführung von verschiedenem Know-how wird hergestellt durch den Austausch auf internen Technologiekonferenzen, Seminaren mit internen als auch externen Entwicklern und Forschern sowie in Projekten mit wissenschaftlichen Einrichtungen wie Universitäten. Der direkte Kontakt von Intel-Mitarbeitern mit externen Kräften ermöglicht den ergebnisorientierten Austausch zu problemspezifischen Fragestellungen. Das

[1] Vgl. Chesbrough, H.W.: Open Innovation. The New Imperative for Creating and Profiting from Technology, Boston, Massachusetts, 2006, S. 113-133.

Netzwerk, das u.a. die bereits bestehende Forschungsinfrastruktur der Universitäten nutzt, hat zum Ziel, Zugang und Einfluss zu und Koordination von universitärer Forschung für industrielle Zwecke zu erhalten. Der Zugriff auf Veröffentlichungen technologischer Erkenntnisse, die aus den Aktivitäten Intels erwuchsen, vom Unternehmen aber nicht weiter verfolgt werden sollen, sind kostenfrei und zeigen den gewünschten Fluss von Informationen aus dem Unternehmen heraus. Diese Vorgehensweise widerspricht der verbreiteten Patentierung geistigen Eigentums. Ein weiteres Element der Innovationsbemühungen Intels ist die finanzielle Förderung von Start-Up Unternehmen.

3.2 Paradigma der Closed Innovation

Closed Innovation

In der von Schumpeter in der betriebswirtschaftlichen Literatur geprägten Ansicht werden Innovationen durch Unternehmen geschaffen und müssen in einer geschlossenen Form der Innovationsgenerierung entwickelt werden.[1] Der Devise folgend, dass erfolgreiche Innovation der Steuerung und Kontrolle bedarf, erzeugt, entwickelt und vermarktet ein Unternehmen seine eigenen Ideen.[2] Henry W. Chesbrough, Professor in Berkeley, Kalifornien, fasst Schumpeters Innovationsverständnis mit dem Begriff „Closed Innovation" zusammen. „*This paradigm counsels firms to be strongly self-reliant, because one cannot be sure of the quality, availability, and capability of others` ideas: `If you want something done right, you´ve got to do it yourself´.*"[3]

Die Abbildung 5 zeigt die klar definierten Grenzen des Unternehmens. Ideen werden intern gesichtet und während der Forschungsaktivitäten gefiltert. Erfolgversprechende Ideen werden weiterentwickelt und auf dem Markt eingeführt. Jedes Unternehmen verfügt über einen eigenen Pool an Neuentwicklungspotentialen, ohne dass diese Basis mit anderen geteilt wird.

---

[1] Vgl. Schumpeter, J, a.a.O., S. 100f.

[2] Vgl. Chesbrough, H.W.: The Era of Open Innovation, in: MIT Sloan Management Review 44 (2003) 3, S.36.

[3] Chesbrough, H.W.: Open Innovation, a.a.O., 2006, S. xx.

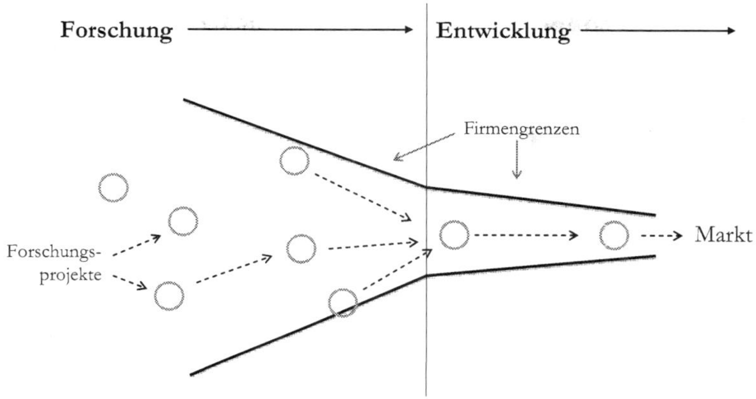

Abb. 5: Paradigma der Closed Innovation[1]

Bei dieser Betrachtung spielt die Hierarchie als favorisierte Organisationsform eine entscheidende Rolle, da durch sie F&E-Maßnahmen innerhalb der Unternehmensgrenzen durch interne Regeln gelenkt, erfolgreich umgesetzt und neue Erkenntnisse mit Schutzrechten ausgestattet werden können.[2]

Wandlungsdruck

Nach Ansicht Chesbroughs stellt das Auftreten von verschiedenen Faktoren in der dynamischen Umwelt Ende des 20. Jahrhunderts die Grundlagen des Modells der geschlossenen Innovation in Frage. Zum einen ist eine dramatische Zunahme ausgebildeter Arbeiter, die über innovationsrelevantes Wissens verfügen, und deren Mobilitätsbereitschaft zu verzeichnen.[3] Damit assoziiert kann geistiges Eigentum, englisch Intellectual Property (IP) genannt, vereinfacht durch die Möglichkeiten der kostengünstigen Reproduktion durch I&K-Technologien, innerhalb der Unternehmensgrenzen nur ungenügend konserviert werden und es kommt zum unkontrollierten Wissensfluss aus der Organisation. Die Zunahme von Venture Capital (VC), welches leicht verfügbares Wagniskapital für Unternehmensgründungen bezeichnet, stellt eine Gefahr für das Wissensmonopol eines Unternehmens dar, da die rechtliche Verselbstständigung von Mitarbeitern einer bestehenden Unternehmung zur wirtschaftlichen Verwertung erworbenen Wissens, Spin-Off genannt,

[1] Quelle: Chesbrough, H.W.: Open Innovation, a.a.O., S. xxvi, Figure 1-2.

[2] Vgl. Chesbrough, H.W.: The Era of Open Innovation, a.a.O., S. 36.

[3] Vgl. Reichwald, R.; Piller, F.: Wertschöpfung, a.a.O., S. 117.

vereinfacht finanziert werden kann.[1] Gut funktionierende Technologiemärkte haben kleine Unternehmen dazu animiert, hochspezialisierte Inventionen zu generieren und zu kommerzialisieren. Neben diesen Faktoren erhöhen die in kürzeren Intervallen erfolgende Markteinführung von Neuprodukten und Prozessen (time-to-market) und die sich damit verkürzende Dauer von Produktlebenszyklen den Innovationsdruck. Außerdem fordert die steigende Zahl an gebildeten Kunden und spezialisierten Lieferanten die Fähigkeiten von Firmen heraus, Gewinne aus unternehmensproprietärem Wissen zu generieren. Der Wegfall von Handelsschranken verändert zudem vormals bestehende, lokal und regional begrenzte Strukturen der Arbeitsteilung. Der in der Literatur ausführlich beschriebene, international zunehmende Wettbewerbsdruck durch neue, effiziente Konkurrenten beschleunigt das Umdenken im Innovationsmanagement. Die Strategie der vertikalen Integration wird hinterfragt, Spezialisierung und Modularisierung werden angeregt. Für große Unternehmen rücken Outsourcing und Netzwerkarrangements in den Fokus, da in Teilbereichen die zunehmend effiziente Marktkoordination an Bedeutung gewinnt.[2]

Die Flexibilisierung der Wertschöpfung, die man im Produktionsbereich z.B. in Form von Mass Customization (s. Kap. 4.2.3) oder Mass Differentiation beobachten kann, zeugt davon, dass durch die Veränderungen in einer dynamischen Umwelt neue Wege beschritten werden, um im Wettbewerb bestehen zu können. Betroffen hiervon ist neben der Produktions- auch die Innovationstätigkeit von Unternehmen, da der Umgang mit Innovationen dem Wandlungsdruck begegnend bewusst gestaltet werden muss und reflektierte Entscheidungen seitens der Unternehmensführung erfordert.[3]

3.3 Paradigma der Open Innovation nach Chesbrough

3.3.1 Überblick

Der Open Innovation Ansatz von Chesbrough sagt aus, dass die permanente Öffnung der Unternehmensgrenzen für externe Potentiale notwendig wird, um die

[1] Vgl. Chesbrough, H.W.: The Era of Open Innovation, a.a.O., S. 12.

[2] Vgl. Christensen, J.F.: Whither Core Competency for Large Corporations, in: Chesbrough, H.W.; Vanhaverbeke, W.; West, J. (Hrsg.): Open Innovation- Researching a New Paradigm, New York 2006, S. 43.

[3] Vgl. Hauschildt, J.; Salomo, S., a.a.O., S. 63.

Stellung eines Innovationsführers zu erhalten.[1] Dieses Verständnis stellt den Gegenentwurf zu der durch Schumpeter geprägten und oben beschriebenen Ansicht dar. „*Open Innovation is a paradigm that assumes that firms can and should use external ideas as well as internal ideas, and internal and external pathways to market, as the firms look to advance their technology. Open Innovation combines internal and external ideas into architectures and systems whose requirements are defined by a business model.*"[2] Chesbroughs Ansatz liegt die Überzeugung zugrunde, dass das Wissen sowohl interner als auch externer Quellen für den Erfolg eines Unternehmens relevant ist.[3] Er hat erkannt, dass die Erfolgsfaktoren Zeit, Kosten und Qualität aufgrund gestiegenen Konkurrenzdrucks von Unternehmen autonom nicht mehr beherrschbar sind. Die Interaktion zwischen den Beteiligten in Netzwerken, inklusive den Konsumenten, wird profitabler.[4] Sein Ansatz ist der Gegenentwurf zum traditionell vertikal integrierenden Modell der Innovation, bei dem interne Forschung und Entwicklung zu intern entwickelten Produkten führen, die dann vom Unternehmen vermarktet werden. Für ihn folgt Open Innovation der Implikationssequenz Strategie, Prozess und Organisation, bei der die Differenzierung auf dem Sektor der Innovationsgenerierung durch vertikale Integration verfolgt wird und die bereits im Produktionsbereich durch das Konzept Virtueller Unternehmen beschrieben worden ist.

Die permanente Öffnung kann nur von Erfolg sein, wenn in der Außenwelt erforderliche Ressourcen bereit gestellt werden. Abbildung 6 stellt die durch den Ideenaustausch veränderte „Wissenslandschaft" dar. Die zur Nutzung erhältlichen Ideen bewegen sich nicht nur innerhalb eines Unternehmens, sondern auch zwischen diesen und externen Wissensquellen.

---

[1] Vgl. Reichwald, R.; Piller, F.: Wertschöpfung, a.a.O., S. 117f.

[2] Chesbrough, H.W.: Open Innovation, a.a.O., S. xxiv.

[3] Vgl. Burmeister, K.; Neef, A.; Linnebach, P.: Innovation im Kontext: Ansätze zu einer offenen Innovationsstrategie, in: Drossou, O.; Krempl, S.; Poltermann, A. (Hrsg.): Die wunderbare Wissensvermehrung. Wie Open Innovation unsere Welt revolutioniert, Hannover 2006, S. 31.

[4] Vgl. Wippermann, P.; Jelden, J.: Neue Prinzipien für das Marketing - Dein Freund die Marke, in: Belz, C.; Schögel, M.; Tomczak, T. (Hrsg.): Innovation Driven Marketing, Wiesbaden 2007, S. 37.

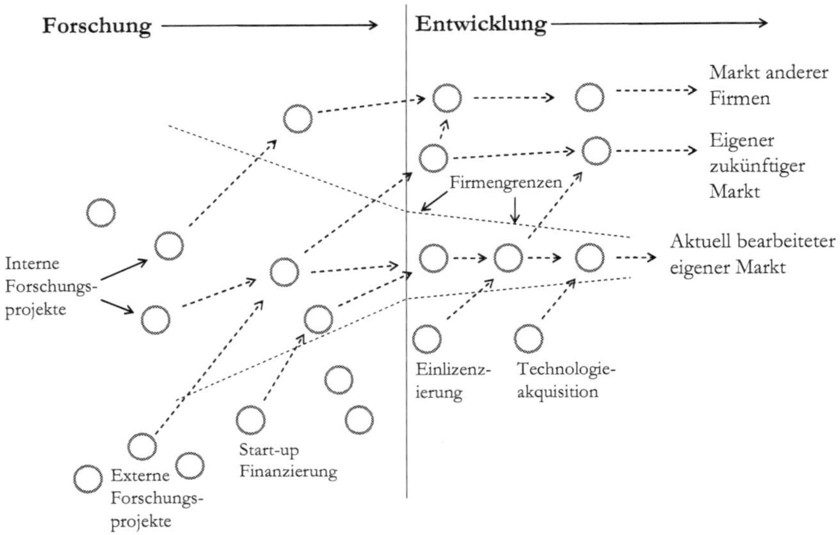

Abb. 6: Paradigma der Open Innovation[1]

Die Verfügbarkeit und Qualität externer Ideen setzt die Statik der Unternehmensgrenzen, wie sie im geschlossenen Ansatz postuliert wurde, außer Kraft. Es kommt zur Diffusion von Forschungsprojekten, erfolgreiche Entwicklungen entstammen nicht mehr zwingend nur aus eigenen F&E-Abteilungen. Chesbrough selbst sieht seinen Ansatz als theoretischen Rahmen für neu auftretende Muster in der Innovationsgenerierung und unterteilt diese neuen Tendenzen in die in Tab. 1 genannten acht Aspekte.

---

[1] Quelle: in Anlehnung an: Chesbrough, H.W.: Open Innovation, a.a.O., S. xxv, Figure 1-4, S. 183, Figure 9-1 und S. 189, Figure 9-3.

1. Externes Wissen besitzt dieselbe Wichtigkeit wie internes Wissen.
2. Die Einbeziehung eines Geschäftsmodells ist entscheidend für die Kosten- und Nutzenbetrachtung von F&E-Abteilungen.
3. Die Anwendung eines Geschäftsmodells lässt Fehlentscheidungen bei der Auswahl von Projekten erkennen.
4. Wissen und Technologie werden bewusst und ergebnisorientiert ausgegliedert.
5. Eine Wissenslandschaft ist reichlich verfügbar.
6. Die Rolle des Managements von Intellectual Property wird betont und untersucht.
7. Wissensvermittler treten im Unternehmensumfeld auf.
8. Die Innovationsfähigkeit und Performance wird durch Maßzahlen beurteilbar.

Tab. 1: Unterschiede zwischen Open Innovation nach Chesbrough und bisherigen Innovationstheorien[1]

Diese lassen sich zu den vier Hauptaugenmerken Geschäftsmodell, Wissen und Wissenslandschaft, Management von Intellectual Property und Operationalisierung verdichten, wobei der fokussierenden Unternehmensorganisation, die von Chesbrough „Business Model" bezeichnet wird, exponierte Bedeutung beigemessen wird.

3.3.2 Geschäftsmodell

Für Chesbrough werden die Identifikation, die Verbindung und die Einbeziehung externer Wissensquellen in Form eines Kernprozesses für das Unternehmen zu einer Notwendigkeit. Der Innovationsprozess erscheint offen, weil viele Wege für Ideen existieren, um in den Prozess hineingebracht zu werden und um aus dem Prozess in den Markt fließen zu können. Die interne Innovationsorganisation steht in der Folge im Wettbewerb zu externen Marktkanälen wie Lizenzierung, Wagnisunternehmen und Spin-Offs.[2] Selbst sehr erfolgreiche F&E-Organisationen müssen mit externen Quellen verbunden bleiben und im Austausch stehen.

Wissen ist im Umfeld im Überfluss vorhanden, die Fähigkeit, es intern wirtschaftlich sinnvoll zu nutzen, ist hingegen limitiert. Kostendruck und Wettbewerb bei differenzierten Kundenbedürfnissen und gleichzeitig hohen Qualitätsanforde-

[1] Quelle: in Anlehnung an: Chesbrough, H.W.: Open Innovation. A New Paradigm for Understanding Industrial Innovation, in: Chesbrough, H.W.; Vanhaverbeke, W.; West, J. (Hrsg.): Open Innovation – Researching a New Paradigm, 2006, S. 11, Table 1.1.

[2] Vgl. Chesbrough, H.W.: Industrial Innovation, a.a.O., S. 8ff.

rungen verstärken sich. Dadurch erhöhen sich die Anforderungen an die Effizienz und die Flexibilität von Organisationen. Die Bedeutung der Mitarbeiter steigt aufgrund der verkürzten Nutzungsdauer von Wissen und aufgrund einer zunehmenden Bedeutung von implizitem Wissen.

Kieser und Walgenbach kommen in ihrer Arbeit zur Innovations- und Anpassungsfähigkeit von Organisationen, basierend auf zahlreichen Studien zu diesem Thema, zu sieben Strukturelementen, die die Flexibilität und Innovationsfähigkeit von Organisationen positiv beeinflussen.[1] Es zeichnet sich die Tendenz ab, dass die Flexibilisierung von Organisationen den Kern der Bemühungen darstellt und dass von der starren Beschränkung des Mitarbeiters auf dessen Stellenbeschreibung abgerückt und mehr Vertrauen in die jeweiligen Fähigkeiten gesetzt wird. Ähnliche Anforderungen an die Organisation zählen auch Picot, Reichwald und Wigand auf, die zudem die operative Flexibilität zwecks fokussierter Marktorientierung akzentuieren.[2] Daneben seien externe Quellen in die Organisation einzubinden.[3] Diese Elemente lassen sich auch im Konzept der Open Innovation wiedererkennen.

Für Chesbrough steht die Bedeutung von Geschäftsmodellen (Business Models) im Fokus, da eine aktive Steuerung der Innovationstätigkeiten durch die Vielzahl der potentiellen Verbindungen notwendig wird. Unternehmen suchen gezielt fähige Wissensträger sowohl innerhalb als auch außerhalb des Unternehmens aus. Die Voraussetzungen für die Struktur und den Aufbau komplementärer Austauschbeziehungen können in Geschäftsmodellen, die als die Quelle für Wertschöpfung und Werteinbindung angesehen werden, definiert werden.[4] Forschung und Entwicklung wird im Open Innovation Ansatz als offenes System angesehen, in dem die externe Verwertung von Ideen dieselbe Wichtigkeit erlangt wie die interne Bearbeitung. Das Geschäftsmodell schafft Wert, ebenso wie es Werte internalisiert.

Unternehmen, die Open Innovation anwenden wollen, benötigen eine geeignete Struktur, um interne und externe Technologien zu integrieren. Hauschildt

---

[1] Vgl. Kieser, A.; Walgenbach, P.: Organisation, 5. Auflage, Stuttgart 2007, S. 438ff., Darstellung s. Anhang.

[2] Vgl. Picot, A.; Reichwald, R.; Wigand, R.T, a.a.O., S. 285.

[3] Vgl. Zaugg, R.J.: Organisation – Quo Vadis? in: Zeitschrift Führung + Organisation 72 (2003) 1, S. 9f.

[4] Vgl. Chesbrough, H.W.: Industrial Innovation, a.a.O., S. 1ff.

zählt die generellen Funktionen von zwischenbetrieblichem Innovationsmanagement auf, das mit und ohne Kooperation gestaltet werden kann. Bei einer Kooperation, die sich in den Varianten Akquisition und Kooperation mit Partnern der Wertschöpfung zeigt, umfasst das Management die Aufgabenbestimmung, die Wahl der Kooperationspartner, das strategische Prozessmanagement sowie die Festlegung der Intensität der Kooperation.[1] Des Weiteren sind die Organisation und das Personalmanagement, das Schnittstellenmanagement und das Finanzmanagement der Kooperation zu steuern. Regelungsbedarf besteht auch in Bezug auf das Außenverhältnis und den Austrittsvorbehalt.[2] Ohne Kooperation können die Varianten Lizenznahme, Innovationseinkauf und Imitation beschritten werden.

Neben die bilateralen Kooperationen in Form von Innovationspartnerschaften[3] treten in einer mehrdimensionalen Sicht Virtuelle Organisationen, deren Bedeutung bei Erhöhung der Innovationskomplexität zunimmt. Kooperative Austauschbeziehungen können auf „technischen, organisatorischen, informatorischen, sozialen, finanziellen und rechtlichen Ebenen"[4] stattfinden. Die Gestaltung von Innovationsprozessen wird nunmehr zum Management von interaktiv und arbeitsteilig ablaufenden Netzwerkaktivitäten.

Chesbrough verwendet den Begriff Geschäftsmodell im Sinne einer Strategie, die ein Unternehmen wählen kann. Für ihn muss ein effektives Geschäftsmodell immer auch die Effizienz berücksichtigen. Mit der Wahl eines Geschäftsmodells ist die Entscheidung verbunden, wie mit geistigem Eigentum umgegangen werden soll. Nach Aussage des Autors existieren drei grundlegende Alternativen, technologisches Potential zu ökonomischem Erfolg zu verwandeln: Zum einen kann die neue Technologie in das laufende Geschäft eingebunden werden, zum anderen kann es durch Lizenzierungen anderen Unternehmen zur Verfügung gestellt werden. Drittens kann durch unternehmensinitiierte, intern finanzierte Spin-Offs die wirtschaftliche Erschließung der Technologie auf fremden Geschäftsfeldern umgesetzt werden.[5] Spin-Offs werden nicht mehr wie früher als mit dem System inhärent ver-

---

[1] Vgl. Hauschildt, J.; Salomo, S., a.a.O., S. 65ff.

[2] Vgl. ebenda S. 86.

[3] Vgl. Scholtissek, S.; Eckert, R.: Innovationspartnerschaften, in: Zeitschrift Führung + Organisation 74 (2005) 4, S. 222-227.

[4] Hauschildt, J.; Salomo, S., a.a.O., S. 85

[5] Vgl. Chesbrough, H.W.: Open Innovation, a.a.O., S. 63f.

bundene Anomalien verstanden, sondern als Teil des Geschäftsmodells, aus dem sich positive Effekte ergeben können.

Das Geschäftsmodell im Rahmen von Open Innovation dient als vermittelnde Struktur zwischen der technischen und der ökonomischen Seite. Es versucht, Fehlentscheidungen abzufedern, indem es unterscheidet in Projekte, die innerhalb des Unternehmens weiter verfolgt werden sollen, und in Projekte, deren Weiterführung extern erfolgt. Die Entscheidung zum internen Projektabbruch führt nicht zwingend zur totalen Abschreibung als sunk costs, da eine Verwertung über andere Kanäle die Chance auf Profit wahrt.

3.3.3 Wissen und Wissenslandschaft

Die Einsicht, dass unternehmenseigene Forschungs- und Entwicklungsabteilungen die Komplexität der Herausforderungen in Teilbereichen nicht bewältigen können, lenkt den Blick auf externe Quellen für Innovationen. Dafür verantwortlich zeigt sich die Erkenntnis, dass die Wissensstände von Wirtschaftssubjekten einem kontinuierlichen Wandel unterliegen. Ein schlecht informiertes Individuum verfügt jedoch grundsätzlich über die Möglichkeit, diese nachteilige Situation zu egalisieren und gegebenenfalls ins Gegenteil umzukehren.[1] Modische Schlagworte wie Wissensgesellschaft, Wissensproduktion, Wissensmanagement oder organisationales Lernen sind nur wenige Beispiele dafür, wie die vieldiskutierte Bedeutung des Wissens in der aktuellen Literatur Niederschlag findet. Konsens besteht über die Ansicht, dass das menschliche Wissen elementar ist und als grundlegendes und universelles Element jeder Organisation gilt.[2] Für den Unternehmenserfolg ist die knappe Ressource implizites Wissen entscheidend.[3] Open Innovation setzt eine neue Wissenslandschaft voraus: Wissen ist weitverbreitet und generell von hoher Qualität. Allgemein besteht jedoch Unsicherheit über die Qualität von Informationen, durch die das Wissen beeinflusst wird.

Dass die Umwelt eines Unternehmens Potential für Innovationen bietet, ist bereits von einer Vielzahl von Innovationsforschern beschrieben worden. Brock-

[1] Vgl. Freiling, J., a.a.O., S. 89f.

[2] Vgl. Nonaka, I.; Takeuchi, H., a.a.O., S. 8.

[3] Vgl. Lundvall, B.-A.: User-Producer Relationships, National Systems of Innovation and Interalisation, in: derselbe (Hrsg.): National Systems of Innovation. Towards a Theory of Innovation and Interactive Learning. London 1992, S. 47ff.

hoff z.B. spricht von einer bereitstellenden Umwelt, die dem innovierenden Unternehmen wissenschaftlich-technisches Wissen darbietet.[1]

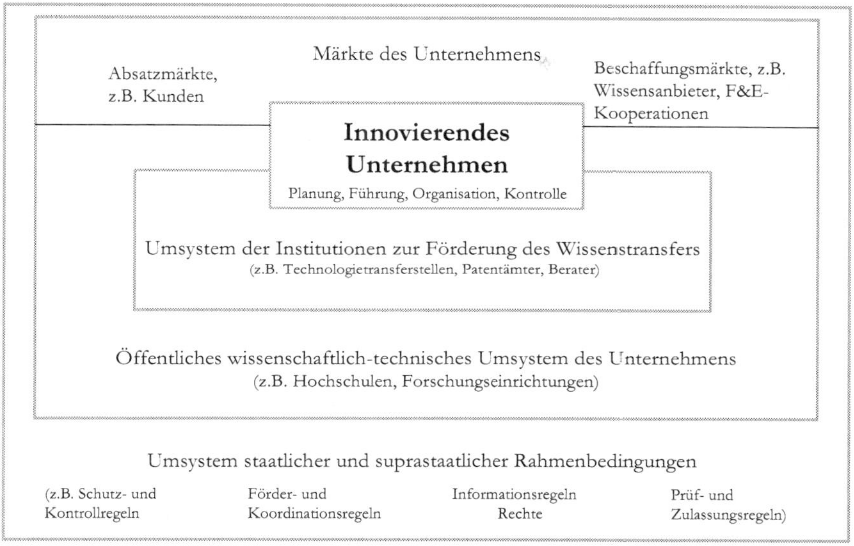

Abb. 7: Innovierendes Unternehmen in seiner Wissensumwelt[2]

Die Autoren Herstatt und Lüthje nehmen eine detaillierte Klassifikation von externen Informationsquellen vor, die bei der Öffnung des Innovationsprozesses mit einbezogen werden können. Diese Einbeziehung vollzieht sich in Form eines Prozesses, der ihrer Meinung nach in Informationsbeschaffung und Ideengenerierung unterschieden werden kann.[3] Gemünden sieht positive Erfolgswirkungen von Innovationskooperationen mit externen Leistungspotentialen. Für ihn ist die zwischenbetriebliche Kooperation entscheidend für die Wissensentstehung und die Wissensverwertung.[4] Hauschildt visualisiert die potentiellen Teilnehmer einer In-

---

[1] Vgl. Brockhoff, K.: Entwicklung, a.a.O., S.25.

[2] Quelle: ebenda, Abb. 1.7.

[3] Vgl. Herstatt, C.; Lüthje, C.: Quellen für Neuproduktideen, in: Albers, S.; Gassmann, O. (Hrsg.): Handbuch Technologie- und Innovationsmanagement, Wiesbaden 2005, S. 265-284. Vertiefende Darstellung s. Anhang.

[4] Vgl. Gemünden, H.G.: Innovationsmanagement als Kooperationsmanagement, in: Albers, S.; Brockhoff, K.; Hauschildt, J. (Hrsg.): Technologie- und Innovationsmanagement, Wiesbaden 2001. S. 119.

novationskooperation und nimmt eine strukturierte Einteilung der zur Kooperation fähigen Partner vor. Vier Sektoren können seiner Ansicht nach identifiziert werden, mit dem das innovierende Unternehmen interagieren kann: Marktkräfte, Wissenschaftssystem, Staat bzw. staatliche Organe und Transfersysteme.

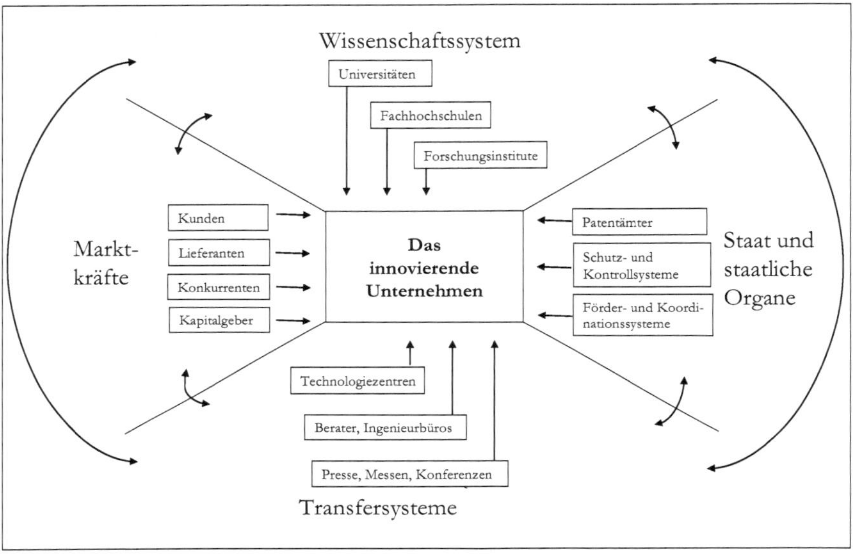

Abb. 8: Sektoren und Partner der Innovationskooperation[1]

Man sieht, dass der Kunde als ein Element der möglichen Innovationspartner auftritt. Detaillierte Untersuchungen zur Kundenrelevanz wurden durch Von Hippel, Professor an der MIT Sloan School of Management in Cambridge, der als Begründer der Kundeninnovationsforschung gilt und bereits seit Mitte der 1970er Jahre in konzeptionellen und empirischen Ausarbeitungen die Aktivitäten von Kunden auf dem Gebiet der Invention und Innovation beschreibt, durchgeführt.[2] Er benutzt hierfür den Begriff „User Innovation“[3], der die autonome Generierung sowohl von Inventionen als auch von Innovationen durch den Nutzer bezeichnet. Die Ergebnisse der Nutzeraktivitäten können die von Unternehmen geschaffenen

---

[1] Quelle: Hauschildt, J.; Salomo, S., a.a.O., S. 83, Kasten 2.3.

[2] Vgl. Walcher, D., a.a.O., S. 28.

[3] In der exakten Übersetzung Nutzerinnovation bezeichnend, hier synonym verwendet mit dem Begriff Kundeninnovation.

Innovationen ergänzen und unter Umständen vollständig ersetzen.[1] Diese Erkenntnis verändert die einseitige, in der Literatur zum Innovationsprozess vorherrschende Ansicht des aktiven Herstellers, umschrieben im Ansatz des „manufacturing-active paradigm" (MAP).[2] In den Mittelpunkt der Betrachtung Von Hippels rückt im ersetzenden Ansatz des „customer-active paradigm" (CAP) die aufzuwertende Rolle der Kunden, welche sich allgemein in Firmenkunden und individuelle Kunden einteilen lassen können. Auch Chesbrough nennt in seinem Ansatz Kunden als Innovationsquelle, sieht diese jedoch nicht als explizites Element. Für ihn stellen Kunden neben vielen weiteren Alternativen einen möglichen Partner aus der Wissenslandschaft dar.

3.3.4 Management von Intellectual Property

Kennzeichnend für Open Innovation ist, dass das etablierte Management von IP konterkariert wird.[3] Im Rahmen geschlossener F&E-Abteilungen konnten Unternehmen Wettbewerbsvorteile durch temporäre Monopolgewinne realisieren, juristische Schutzstrategien, wie z.B. Patente und Muster sowie faktische Schutzstrategien wie bspw. Geheimhaltung, Distributionskanäle oder Image, ergänzten sich zu diesem Zweck. In der Praxis tritt nun eine Anomalie auf, die von Innovationstheorien bisher nicht erklärt werden konnte und in bestehenden Ansätzen als nicht abwendbare Nebenwirkung der Geschäftstätigkeit angesehen wurde: das Erscheinen von Spin-Offs. Daneben hat das Auftreten einer Vielzahl von hochspezialisierten Technologielieferanten, deren Tätigkeiten stark vom Umgang mit IP geprägt sind, zu Veränderungen im Innovationsprozess geführt.[4]

Im Open Innovation Ansatz wird es zur unternehmerischen Aufgabe, die Wissensdiffusion zu kontrollieren. Man versucht Wege zu finden, eigene Ideen, die nicht zum Kerngeschäft gehören, über die Grenzen der eigenen Tätigkeit hinaus wirtschaftlich zu verwerten, ebenso wie fremde Innovationen auf dem eigenen

---

[1] Vgl. Von Hippel, E.: Democratizing, a.a.O., S. 16.

[2] Vgl. Von Hippel, E.: Successful Industrial Products from Customer Ideas, in: Journal of Marketing 42 (1978) 1, S. 39f.

[3] Vgl. Chesbrough, H.W.: Industrial Innovation, a.a.O., S. 1ff.

[4] Vgl. Simcoe, T.S.: Open Standards and Intellectual Property Rights, in: Chesbrough, H.W.; Vanhaverbeke, W.; West, J. (Hrsg.): Researching a New Paradigm, a.a.O., S. 162ff.

Zielmarkt erfolgreich zu positionieren.[1] Der zunehmende Verkehr von IP lässt Märkte entstehen, die den Austausch von Wissen ermöglichen.[2] Die im Paradigma der geschlossenen Innovationsgenerierung ungenutzte IP wird im Ansatz der Open Innovation als neue Anlageklasse angesehen, die das laufende Geschäft ergänzende Erträge liefern kann.[3]

Der Umgang mit IP für den Innovator als auch für jeden potentiellen Lizenznehmer hängt in der Folge von der Strategie der Firma ab. Der Innovator muss ein Geschäftsmodell entwickeln, das konsistent mit dem Wert ist, der IP beigemessen wird und die Rolle des Innovators in der Wertschöpfungskette definiert. Zudem spielt aber auch das Geschäftsmodell des Zulieferers, des Kunden, des Wettbewerbers und des Komplementärs in der Wertschöpfungskette eine Rolle, da sich die Machtverhältnisse in Preisverhandlungen relativ zum Verhältnis Käufer und Verkäufer ergeben. Sollte ein Schutz einer Innovation nicht möglich sein, so besteht für den Innovator die Möglichkeit, diese mit schützbaren Komponenten zu verbinden und so indirekt Erträge zu generieren.[4]

Wird eine offene Innovationsstrategie gewählt, bei der die Quelle für Innovationen auch außerhalb des Unternehmens vermutet wird, dann sollte die Firma zu einem aktiven Teilnehmer auf dem Markt für IP werden. Zum einen wird dadurch intern erfolgreiche Forschung und Entwicklung begünstigt, zum anderen profitiert man vom Verkauf eigener Ideen an Dritte.[5] Die Entwicklung eines Marktes für IP wird zusätzlich begünstigt durch neu auftretende Innovationsintermediäre. Diese vermitteln zwischen den Innovationsbeteiligten, stellen Informationen bereit und ermöglichen den Zugang zu und die Finanzierung von Transaktionen.

Getrennt davon ist die Rolle von staatlichen Einrichtungen zu sehen, deren kostenfreie Weitergabe von Innovationen dadurch erklärt wird, dass die sozialen Gewinne der Weitergabe der Innovation die Kosten der Herstellung übersteigen.

[1] Vgl. Chesbrough, H.W.: The Era of Open Innovation, a.a.O., S. 36.

[2] Vgl. Chesbrough, H.W.: Industrial Innovation, a.a.O., S. 8ff.

[3] Vgl. ebenda, S. 4ff.

[4] Vgl. West, J.: Does Appropriability Enable or Retard Open Innovation?, in: Chesbrough, H.W.; Vanhaverbeke, W.; West, J. (Hrsg.): Researching a New Paradigm, a.a.O., S. 110ff.

[5] Vgl. Chesbrough, H.W.: Open Innovation, a.a.O., S. 155.

Sich anschließende Spill-Over Effekte werden begünstigt und dadurch die wirtschaftliche Entwicklung und das Beschäftigungsniveau positiv beeinflusst.[1]

3.3.5 Operationalisierung

Unternehmensinterne Untersuchungen der Firma Procter & Gamble haben ergeben, dass 90% der durch das Unternehmen intern entwickelten und gehaltenen Patente nicht verwertet werden.[2] Die Frage, weshalb diese auf internen F&E-Aktivitäten basierenden Patente keine Verwertung erfahren, lenkt das Interesse auf die organisationalen Strukturen. Es stellte sich heraus, dass die F&E-Abteilungen oftmals nicht an das Geschäftsmodell der Geschäftseinheit gekoppelt sind, sondern weitgehend autonom agieren. Für Manager erscheint bisher die Quantität der Patente eine geeignete Maßzahl für die Beurteilung der eigenen F&E zu sein, wodurch F&E-Abteilungen vermehrt Anreiz zu quantitativen Patententwicklungen bekommen, anstatt spezifische und qualitative Patente anzumelden.[3]

Im Rahmen der Open Innovation wird der Grad des Innovationserfolgs nicht mehr an der Anzahl der Patente oder an Verkaufszahlen gemessen, sondern an dem Grad der Eigenentwicklung oder den Investitionskosten, die im Rahmen der Open Innovation angefallen sind. Entscheidend ist auch, wie viele eigene Patente genutzt wurden oder wie viele der extern bezogenen Patente zum Erfolg führten.[4]

Die Arbeiten von Chesbrough enthalten keine Angabe über eine zielorientierte Verfahrensweise, mit der die Analyse der Innovationstätigkeiten vom Controlling durchgeführt werden sollte. Die Bewertung von IP ist für den Autor anscheinend von primärer Bedeutung. Darüberhinaus besteht jedoch weiterer Bedarf an konkretisierenden Ausführungen.

---

[1] Vgl. West, J., a.a.O., S. 117.

[2] Vgl. Sakkab, N.Y.: Connect & Develop Complements. Research & Develop at P&G, in: Research Technology Management 45 (2002) 2, S. 43.

[3] Vgl. Chesbrough, H.W.: New Puzzles and New Findings, in: Chesbrough, H.W.; Vanhaverbeke, W.; West, J. (Hrsg.) : Open Innovation- Researching a New Paradigm, New York 2006, S. 19.

[4] Vgl. Chesbrough, H.W.: Industrial Innovation, a.a.O., S. 8ff.

3.4 Klassifikation des Ansatzes durch Gassmann/Enkel

Die deutschen Autoren Gassmann und Enkel versuchen, aufbauend auf den Arbeiten von Chesbrough, eine Klassifikation der Öffnung des Innovationsprozesses vorzunehmen. Auch sie folgen der Erkenntnis, dass das eigene Innovationspotential vergrößert werden kann, indem die Außenwelt aktiv mit in den Innovationsprozess einbezogen wird.[1] Dem liegt die Ansicht zugrunde, dass sich der Ort der Innovation, der Ort der Wissensentwicklung und der Ort der Kommerzialisierung voneinander trennen lassen. Die Autoren konstatieren, dass 80% der Innovationen Rekombinationen von bestehendem Wissen, Technologien und Produkten sind. Innovation in Form von kreativer Imitation wird mit dem Begriff der Cross-Industry-Innovation bezeichnet. Dahinter verbirgt sich das Phänomen, dass etablierte Technologien und Prinzipien aus fremden Anwendungsgebieten in die eigene Umgebung übernommen und angepasst werden. Die Übertragung und Verwendung wird aufgrund von nur spezifisch wirkenden Patenten nicht gehemmt, es kann zu einem intersektoralen technologischen Spill-Over-Effekt kommen.[2] Positiv hierauf wirkt sich die aktive Förderung durch Nutzung externer Ressourcen und Inputs in Netzwerkarrangements aus.

Um eine auf empirischen Befunden fußende Einteilung vornehmen zu können, strukturierten Gassmann und Enkel die Ergebnisse einer aus 124 Unternehmen bestehende Datenbank und leiteten daraus drei Kernprozesse ab, welche mit den Begriffen Outside-In-Prozess, Inside-Out-Prozess und Coupled-Prozess belegt wurden.[3]

Der Outside-In-Prozess bezieht das bei Kunden und Lieferanten vorhandene Wissen durch Kooperation und Integration dieser Quellen in die eigenen F&E-Aktivitäten ein und transferiert bestehende Technologien aus Unternehmen und Universitäten. Beispielhaft ist die Zusammenarbeit mit kooperierenden Unternehmen, Lieferanten und Kunden zu nennen, die in der betriebswirtschaftlichen Praxis oftmals beobachtbar ist.

---

[1] Vgl. Gassmann, O.; Enkel, E.: Open Innovation, in: Zeitschrift Führung + Organisation 75 (2006) 3, S. 132f.

[2] Vgl. Gassmann, O.: Neue Grenzen für Innovationen – Innovieren oder kreativ imitieren?, in: Belz, C.; Schögel, M.; Tomczak, T. (Hrsg.): Innovation Driven Marketing, Wiesbaden 2007, S. 52.

[3] Vgl. Gassmann, O.; Enkel, E., a.a.O., S. 134.

Der Inside-Out-Prozess unterstützt die außerhalb des Unternehmens erfolgende Kommerzialisierung durch Lizenzierung und die darauf folgende Bereitstellung auf Märkten. Eine interne Exploitation hätte weniger Aussicht auf Erfolg als die Nutznießung des lizenzierten Wissens. Fixkosten können durch die Auslagerung der Entwicklungsprozesse reduziert werden. Ein Beispiel für den Inside-Out-Prozess stellt die Verwendung des Werkstoffes Teflon dar, der in der Luft- und Raumfahrtindustrie entwickelt wurde und durch Übertragung der Technologie auf andere Bereiche nun für Alltagsgegenstände Verwendung findet.

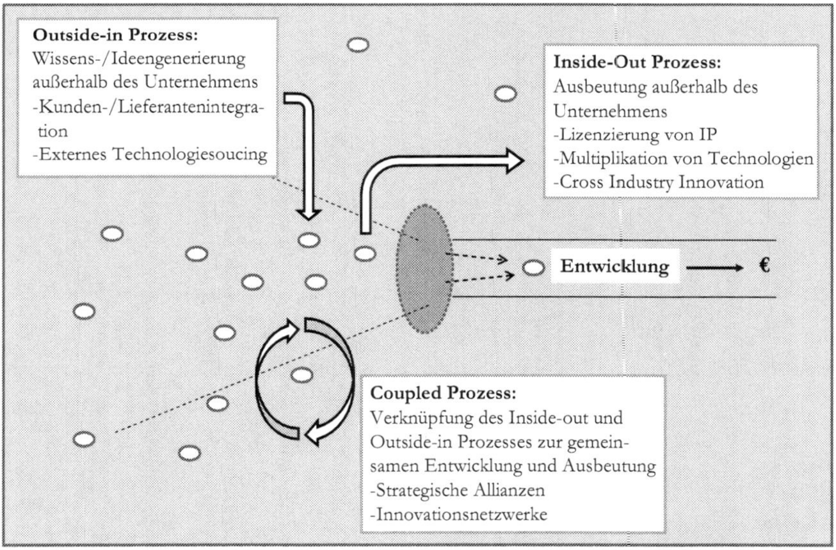

Abb. 9: Kernprozesse des Open Innovation Ansatzes nach Gassmann/Enkel[1]

Der Coupled-Prozess verknüpft die beiden zuvor genannten Strategien und versucht, durch die gemeinsame Entwicklung und anschließende Kommerzialisierung in Netzwerken Kooperationserfolg zu generieren. Durch die Weitergabe von Entwicklungen kann eine temporäre Monopolstellung aufgrund der Verbreitung eines Standards geschaffen werden, wodurch Umsätze erhöht werden. Entscheidend für den Erfolg ist, dass sich komplementäre Partner zusammenschließen, um durch intensive Interaktion den Unternehmenszielen entsprechende Ergebnisse zu

[1] Quelle: Gassmann, O.; Enkel, E., a.a.O., S. 134, Abb. 2.

ermöglichen.[1] Gassmann und Enkel nennen in diesem Zusammenhang die Kooperation von Canon und Hewlett Packard in der Druckersparte als Beispiel aus der Praxis.

Die Einteilung bezüglich des Coupled-Prozess deckt sich nicht vollständig mit der, die Chesbrough vornimmt. Chesbrough misst Spin-Offs, die durch Unternehmen unterhalten werden, höhere Bedeutung bei als es Gassmann und Enkel tun. Außerdem spielt der Netzwerkgedanke bei Chesbrough eine durchgehende Rolle, fokale Unternehmen adaptieren und internalisieren die Ergebnisse externer F&E-Tätigkeiten. Gassmann und Enkel sehen das Netzwerkarrangement besonders im Coupled-Prozess realisiert, da hierbei nicht ein Unternehmen allein die Verselbstständigung unterstützt, sondern diese mit anderen Partnern gemeinsam unternimmt.

3.5 Risiken und Chancen für Unternehmen

Risiken

Open Innovation stellt eine Organisationsform dar, durch die erhöhter Koordinations- und Interaktionsbedarf entsteht und es dem Individuum obliegt, mit den gestiegenen intellektuellen Herausforderungen umzugehen. In der Konsequenz sind Risiken primär im individuellen Verhalten zu sehen, das sich gegen die Prämissen der Open Innovation sperrt. So ruft die soziale Verbindung zweier Kooperationspartner ggf. Dissonanzen hervor. Vor dem Hintergrund des Prinzipal-Agent-Ansatzes[2] in Hierarchien kann es auch in Netzwerkarrangements zu erhöhter Sensibilität bezüglich der Konsequenzen von Verhalten in Austauschbeziehungen kommen. Hierfür verantwortlich sind zumeist asymmetrische Informationen. Im Falle auftretender Konflikte ist eine nicht-hierarchische Lösung über Koordination gefragt, Information und Kommunikation werden notwendig, um auftretende Asymmetrien zu beseitigen.[3]

Organisationsintern stellt sich für Mitarbeiter die Unsicherheit, ob man die sich beschleunigende Zeit eines Projektzyklus durch Evaluation und Koordination handhaben kann, da externen Projekten meist ein höheres wahrgenommenes Risi-

[1] Vgl. ebenda, S. 136.

[2] Ausführungen zum Prinzipal-Agent-Ansatz s. Anhang.

[3] Vgl. Hauschildt, J.; Salomo, S., a.a.O., S. 150.

ko anhaftet. Bei Adaption von externen Technologien stellen Mitarbeiter zudem die eigene Position und Tätigkeit in Frage. Es kann jedoch nachgewiesen werden, dass sich im Falle von erfolgreich eingebundenen fremden Ideen positive Effekte auf interne Abteilungen ergeben, da diese aufbauend auf den Integrationsergebnissen weitere Aktivitäten entwickeln.[1]

Für viele Autoren stellt das „Not-invented-here"-Syndrom (NIH-Syndrom) das primäre Hindernis bei der Verfolgung einer offenen Innovationsstrategie dar. Äußerer Druck wird als Bedrohung angesehen und darauf mit starrem Festhalten an vertrauten und bislang erfolgreichen Verhaltensweisen reagiert.[2] Das NIH-Syndrom kennzeichnet eine negativ wertende, rigide Einstellung von Individuen bzw. Gruppen gegenüber extern entwickelter Technologie, die zu wirtschaftlich nachteiligen Auswirkungen auf das Unternehmen führen können.[3] Die Weiterentwicklung von externen Ergebnissen, im Sinne von Output von F&E-Aktivitäten privatwirtschaftlicher oder universitärer Institutionen, stößt auf Widerstände im die Technologie empfangenden Unternehmen. Die Ursachen für ein ablehnendes Verhalten können kulturspezifische und psychologische Gründe sein. Darüber hinaus wird ein Forscher der positiven sozialen Identität wegen die eigenen Ergebnisse favorisieren und über-, fremde dagegen unterbewerten. Im Rahmen der in den Grundlagen dargestellten Transaktionskostenuntersuchung zeigt sich, dass Entscheidungen nicht aufgrund von objektiven, sondern von subjektiv wahrgenommenen Transaktionskosten getroffen werden. Ökonomische oder rational motivierte Überlegungen oder Verhaltensweisen treten kaum in Erscheinung. Bei Vorliegen des NIH-Syndroms werden Transaktionskosten verzerrt wahrgenommen und können zu einer Entscheidung zu Gunsten einer ineffizienten internen F&E- Beschaffung führen.[4]

Auswirkungen der Widerstände gegen externe Technologien können ultimatives Scheitern, suboptimales technisches Abschneiden, längere Informations- und Innovationszeiten mit damit verbundenen Kostensteigerungen und negative Auswirkungen auf den Wissenshandel, die Wissenspreise, die interne Wissensgenerie-

---

[1] Vgl. Chesbrough, H.W.: New Puzzles and New Findings, a.a.O., S.17ff.

[2] Vgl. Gassmann, O.; Enkel, E., a.a.O., S. 136f und Hauschildt, J.; Salomo, S., a.a.O., S. 216.

[3] Vgl. Mehrwald, H.: Das ´Not Invented Here´-Syndrom in Forschung und Entwicklung, Wiesbaden 1999, S. 221.

[4] Vgl. ebenda S. 234.

rung und auf den Unternehmensgewinn sein.[1] Um das NIH-Syndrom zu vermeiden oder abzubauen, kann die negative Einstellung durch direkte Erfahrung, durch sozial vermittelte Erfahrung oder durch eine durch Anreize induzierte Verhaltensänderung beeinflusst werden.

Das NIH-Syndrom betrachtet das Internalisieren von externen Elementen. Umgekehrt kann jedoch auch ggf. die externe Verwertung von intern entwickelten Technologien Widerstände hervorrufen. Chesbrough bezeichnet dieses Phänomen als „Not-sold-here"-Syndrom (NSH-Syndrom). Es bezeichnet die Ansicht, dass, wenn das eigene Unternehmen eine Entwicklung auf dem laufenden Markt nicht selber anbieten kann oder will, diese keinem anderen ermöglichen soll, daraus zu profitieren. Auch wenn die Ideen auf dem Markt für IP gewinnbringend verkauft werden, ist der dadurch subjektiv wahrgenommene Schaden zumeist höher als der gewonnene Nutzen. Die Ablehnung basiert auf der subjektiven Überzeugung, dass das eigene Unternehmen über ausreichende Fähigkeiten verfügt, um Technologien auf jedem Markt verwerten zu können.[2] Es entstehen Widerstände gegen die Weitergabe und in der Folge wird die externe Verwertung gezielt gehemmt.

Durch die Einführung eigenständiger Profit-Center-Strukturen in den F&E-Abteilungen privatwirtschaftlicher Unternehmen wird der Trend verstärkt, mehr Auftragsforschung zu betreiben und erworbenes Know-how auch extern zu vermarkten.[3] Gelingt es Firmen nicht, aus ihren Innovationsaktivitäten Erträge zu generieren, werden diese dazu neigen, geringere Mittel für F&E-Projekte einzusetzen, die entweder mit hohem Risiko belegt sind, so z.B. die Grundlagenforschung, oder die durch Imitatoren leicht nachgeahmt werden können. In der Folge entstehen weniger Spin-Offs. Dies impliziert einerseits, dass das Unternehmen höhere Gewinne erwirtschaftet, andererseits kann der Mangel an Spin-Offs von anderen Unternehmen in der Folge die Möglichkeiten verringern, zukünftige Technologien zu entwickeln.[4] Mangelnde Grundlagenforschung, die meist nicht zielgerichtet verläuft und deshalb von Unternehmen kaum beherrschbar ist, birgt die Gefahr, technolo-

---

[1] Vgl. ebenda S. 37.

[2] Vgl. Chesbrough, H.W.: New Puzzles and New Findings, a.a.O., S. 23.

[3] Vgl. Spath, D.; Renz, K.-C.: Technologiemanagement, in: Albers, S.; Gassmann, O., a.a.O., S. 233.

[4] Vgl. West, J.; Vanhaverbeke, W.; Chesbrough, H., a.a.O., S. 290f.

gische Trends in bislang nicht betrachteten Gebieten zu übersehen und langfristig die Möglichkeit der Kompetenzfähigkeit zu gefährden.[1]

Chancen

Im Open Innovation Ansatz steht für die F&E-Abteilung in Unternehmen die alleinige Generierung von Entwicklungen nicht mehr an favorisierter Stelle, daneben werden das Design von Systemen und deren Integration zu Schlüsselfunktionen.[2] Tendenzen hin zur Spezialisierung der Grundlagenforschung sind erkennbar: Falls eine Technologie auf dem Markt existiert, so wird diese erworben und verwertet, falls nicht, werden eigene F&E-Anstrengungen initiiert und es wird versucht, bessere Systeme und Lösungen zu entwerfen.

Der Technologietransfer, z.B. in Form von Auslizenzierungen, wird durch interne Determinanten beeinflusst. Die Ergebnisse einer Fragebogenuntersuchung in 152 Unternehmen zeigen, dass sich die technologische Diversifizierung eines Unternehmens vorteilhaft auswirkt, wenn ein Unternehmen technologisch diversifiziert ist und dessen Patentportfolio sowohl quantitative als auch qualitative Güte besitzt.[3]

Durch die von Intel gewählte und in der Fallstudie dargestellte Offenheit erhofft sich das Unternehmen trotz hoher Risiken positive Effekte, da kostenintensiver Schutz für Technologien entfällt und der Nutzen veröffentlichten Wissens im Ausschluss zukünftig auftretender Konkurrenz zu sehen ist. Durch die Ubiquität verfügen Nachahmer über die gleichen Voraussetzungen und es wird ihnen erschwert, Gewinne aus einer Monopolstellung zu generieren. Die Ziele der Kooperationen sind auch von strategischem Interesse und nicht nur aus rein finanziellen Beweggründen initiiert. Trotzdem stellen Kooperationen für Intel keine unbefristete Partnerschaft dar; kommt man zu der Erkenntnis, dass ein Austausch keinen Sinn mehr macht, dann ist eine Auflösung angebracht.

Hintergrund der Entscheidung Intels für die gezielte Unterstützung von Spin-Offs sowohl finanzieller als auch technologischer Art ist, dass die Investitionen in fremde Gebiete die Verbreitung eigener Standards begünstigt und dadurch

[1] Vgl. Chesbrough, H.W.: Open Innovation, a.a.O., S. 124ff.

[2] Vgl. West, J.; Vanhaverbeke, W.; Chesbrough, H., a.a.O., S. 290.

[3] Vgl. Lichtenthaler, U.: Open for Innovation: Understanding the Determinants of External Technology Commerzialization, in: Ernst, H.; Gemünden, H.G. (Hrsg.): Open Innovation Between and Within Organizations, Wiesbaden 2007, S. 45.

neue Branchen erschlossen werden können. Mit dem Ansatz der Integration wird ein weitgefasster Blick auf die eigene Innovationstätigkeit geworfen: Die ganzheitliche Betrachtung der Wertschöpfungskette erzielt für das Unternehmen bessere Ergebnisse zu geringeren Kosten. Die Kompetenz, sowohl interne als auch externe Wissensquellen kombinieren zu können, stellt einen erheblichen Wettbewerbsvorteil dar.

3.6 Kritische Würdigung des Ansates von Chesbrough

Revolvierende Überlegungen zum Innovationsmanagement stehen für die zunehmende Dynamisierung und die kontinuierlichen Verbesserungsbestrebungen, um die Unsicherheit über die marktlichen Bedingungen zu reduzieren.[1] Das traditionelle strategische Management muss sich einer jederzeit revolvierenden Strategiefindung öffnen, flexibles kurzfristiges Handeln in Form eines situativ agierenden Managements gewinnt an Bedeutung. Ziel dessen ist die „*Planung, Implementierung, Kontrolle und Stabilisierung der Veränderungen in Strategien, Prozessen, Organisation und Kultur mit dem Ziel, die Effektivität und Effizienz des Veränderungsprozesses zu maximieren und die größtmögliche Akzeptanz der betroffenen Führungskräfte und Mitarbeiter zu erreichen.*“[2] Die Beobachtung, dass auf dem High-Tech Standort Silicon Valley besonders häufig Spin-Offs auftraten, die nicht mit dem herkömmlichen Modell vereinbar schienen, lenkte den Fokus auf IP und somit auf die Ressource Wissen. Chesbroughs Open Innovation Ansatz scheint für einige Branchen bessere Erklärungsgüte zu besitzen als für andere: Es kann nur gemutmaßt, nicht bewiesen werden, dass Open Innovation neben der wissensintensiven Industrie auch für andere Gebiete ein hinreichendes Konstrukt darstellt. Zudem entstammen die Unternehmen einer Branche, die stark von Weiterentwicklungen auf dem Technologiesektor geprägt ist. Eine stärker durch die Nachfrage getriebene Produktentwicklung tritt dabei in den Hintergrund.

Die Relevanz von externem und intern vorhandenem Wissen war bisher bereits bekannt, beide wurden jedoch meist als Substitute betrachtet. Im Open Innovation Ansatz nach Chesbrough erhält externes Wissen komplementäre Bedeutung

---

[1] Vgl. West, J.; Vanhaverbeke, W.; Chesbrough, H., a.a.O., S. 306.

[2] Rank, S.; Scheinpflug, R.: Einführung in das Change Management, in: dieselben (Hrsg.) : Change Management in der Praxis – Beispiele, Methoden und Instrumente, Berlin 2008, S. 5f.

zu interner F&E.[1] Dieser Paradigmenwechsel ist mit einschneidenden Veränderungen im Bereich der gesamten Organisation eines Unternehmens verbunden, wodurch die vollständige Kontrolle über den kompletten Innovationsprozesses abgegeben wird.[2] Unternehmen müssen aufgrund gestiegener Anforderungen an die Koordination Integrationskompetenz entwickeln. Rasante Entwicklungen in der Umwelt erfordern die flexible Handhabung von unternehmensinternen Strukturen, die nur durch die dynamische Weiterentwicklung erfolgreich sein können, zudem kann auch eine ehemals erfolgreiche Open Innovation Strategie unter veränderten Rahmenbedingungen scheitern.[3] Kleine High-Tech Firmen müssen fokussierter mit IP umgehen, da diese darauf angewiesen sind, dass das Wissen über eine Technologie nicht diffundiert. Die Durchleuchtung von Innovationstätigkeiten großer Firmen durch das Controlling kann ergeben, dass sich Grundlagenforschung für nicht diversifizierte Unternehmen nicht lohnt. Die sich anschließende Reduktion der Forschungsaktivitäten verknappt das ansonsten generierte Wissen und die Nachfrage nach Ergebnissen von Institutionen, die Grundlagenforschung betreiben, nimmt zu.

Chesbrough versucht in seinem Ansatz, eine klare Trennlinie zwischen einer geschlossenen und einer geöffneten Innovationsstrategie zu ziehen. Klassische Strategien zeichneten sich durch die permanente Abschottung der Forschungs- und Entwicklungsarbeit aus. Da in jeder Organisation Menschen beteiligt sind und diese nicht vollständig von der Außenwelt abgeschottet werden können, bleibt zu bezweifeln, ob Organisationen nicht auch schon früher offen für fremde Ideen waren. Durch die Einbringung von Mitarbeiterideen, deren Entstehung durch außerhalb der Unternehmung auftretende Stimuli angeregt wurde, erscheint die Haltung, eine Institution als total isoliert zu betrachten, als fragwürdig. Unternehmen waren bereits früher auf die Internalisierung externen Wissens angewiesen, auch wenn dies keiner tiefergehenden Betrachtung unterzogen wurde.

Best Practices im Innovationsprozessmanagement zeigen, dass Open Innovation im weiter gefassten Kontext Chesbroughs als Gestaltungsempfehlung er-

---

[1] Vgl. Chesbrough, H.W.: Industrial Innovation, a.a.O., S. 8ff.

[2] Vgl. Walcher, D., a.a.O., S. 278.

[3] Vgl. Christensen, J.F., a.a.O., S. 57ff.

gebnisliefernd sein kann.[1] Kriterien wie Kundenorientierung bilden weitere Elemente eines komplexen Innnovationsmanagements. Der Kunde und Nutzer als aktivierbarer und kreativer Partner im Innovationsprozess bleibt in Chesbroughs Ansatz hingegen kaum akzentuiert. Ein fokales Unternehmen koordiniert und initiiert hierarchisch den Innovationsprozess. Dem Kunden fällt weiterhin die Rolle eines passiven Abnehmers zu, dessen Bedürfnisse mit Innovationen befriedigt werden, die aus dem Wissen des Unternehmens generiert wurden.

[1] Vgl. Becker, S.; Reinhardt, I.: Best Practices im Innovationsprozessmanagement, in: Zeitschrift Führung + Organisation 75 (2006) 5, S. 258.

4 Open Innovation Ansatz von Reichwald/Piller

4.1 Fallstudie „Threadless“

Das amerikanische Unternehmen Threadless,[1] das im Jahr 2000 gegründet wurde und sich auf die Herstellung von farbig bedruckten T-Shirts spezialisiert hat, verfolgt einen zum Kunden geöffneten Innovationsprozess. Ziel der Firma ist es, ein breites Produktspektrum anbieten zu können, ohne dabei große Marktunsicherheit eingehen zu müssen. Gleichzeitig soll das letztgenannte Ziel ohne intensive finanzielle Investitionen in die Marktforschung erreicht werden. Threadless bewegt sich in einem Marktumfeld, in dem sich Trends sehr schnell verändern und in dem es wichtig ist, dass Kunden die Neuartigkeit von Produkten wahrnehmen. Diesem Umstand trägt das Unternehmen dadurch Rechnung, dass ein Produkt erst dann gefertigt wird, wenn es durch Kunden begutachtet und genehmigt wurde. Die Produktion wird initiiert, wenn eine ausreichende Zahl an potentiellen Käufern eine unverbindliche Kaufabsicht dazu bekundet hat.

Der Prozess der Ideengenerierung wird auf zwei Gruppen verteilt: Neben Vorschlägen zum Design der T-Shirts seitens des Unternehmens gibt es auch eine Vielzahl an Kundenvorschlägen, über die abgestimmt wird. Ideen beider Quellen werden auf einer Internetseite vorgestellt, zu denen Kunden eine Beurteilung vornehmen. Die populärsten Vorschläge werden durch das Unternehmen identifiziert und akzeptiert. Nach der Kalkulation des Verkaufspreises wird das potentielle Produkt wiederum dem Kunden präsentiert und dieser wird aufgefordert, evtl. vorhandenes Kaufinteresse zu bekunden. Übersteigt die Anzahl der Kaufinteressenten die minimal notwendige Losgröße, dann befürwortet Threadless das Design, initiiert den Produktionsprozess und leitet die Verkaufsaktivitäten in die Wege. Der Designer erhält eine finanzielle Anerkennung, zudem wird sein Name auf dem Etikett des jeweiligen T-Shirts genannt. Bemerkenswert ist, dass Kunden auch ohne finanzielle Anreize Werbemaßnahmen für das Unternehmen übernehmen und sich z.B. als Models für neue Designs zur Verfügung stellen.

Threadless kann durch sein Konzept der Neuproduktfindung das Risiko des Scheiterns eines neuen Designs minimieren. Hauptaugenmerk der Unternehmens-

[1] Vgl. Reichwald, R.; Piller, F.: Wertschöpfung, a.a.O., S. 2f. und Reichwald, R.; Meyer, A.; Engelmann, M.; Walcher, D.: Der Kunde als Innovationspartner, Wiesbaden 2007, S. 30f.

aktivität liegt nicht auf der Marktforschung oder der vollständigen Flexibilisierung des Fertigungsprozesses, sondern auf der frühzeitigen Kundenintegration in den Innovationsprozess und der Vereinfachung des Bewertungsprozesses für den Kunden. Man verfolgt eine Differenzierungsstrategie, bei der das Prinzip der „economies of scale“ aufrecht erhalten bleiben kann.

4.2 Charakteristika des Ansatzes von Reichwald/Piller

4.2.1 Allgemeine Neudefinition der Kundenrolle

Der Standpunkt, dass externe Quellen in den Innovationsprozess des Unternehmens einbezogen werden sollen, wurde bereits im vorangegangenen Kapitel ausführlich erläutert. Kunden als Teil der das Unternehmen umgebenden Wissenslandschaft wurden im Ansatz von Chesbrough genannt, nach Reichwald und Piller gewinnt das Qualitäts- und Funktionalitätsbewusstsein dieser externen Quelle signifikant an Bedeutung. Anbieter müssen sich der kundenspezifischen Leistungserstellung öffnen, um im Wettbewerb bestehen zu können.[1]

Mit der Heterogenisierung der Bedürfnisse geht ein erhöhter Bedarf an Wissen einher. In einer Organisation, in der das Wissen des Kunden dazu genutzt werden kann, um marktgerechte und verwertbare Leistungen zu schaffen, werden Kosten für das Unternehmen für Aktivitäten, die intern hätten durchgeführt werden müssen, reduziert. Einher geht zudem die Reduktion von marktlichen Unsicherheiten, da die Abnehmer als Hauptakteure des Marktes systematisch den Innovationsprozess gestalten.

Kleinaltenkamp konnte durch Studien im Investitionsgüterbereich zeigen, dass eine Abkehr vom reinen Produktverkauf stattfindet und die Distribution von mit Dienstleistungen assoziierten Produkten an Bedeutung gewinnt. Angebotene Leistungen besitzen nicht mehr nur den Charakter der Problemlösung, sondern erhalten Dienstleistungseigenschaften, die nur durch Integration von externen Faktoren erreicht werden können. Das Leistungsergebnis von industriellen Produkti-

[1] Vgl. Walcher, D., a.a.O., S. 23.

onsprozessen lässt sich wegen des Zusammenspiels von materiellen und immateriellen Bestandteilen nicht mehr strikt in Sachleistung und Dienstleistung trennen.[1]

Die industrielle Leistungserstellung ist in zunehmendem Maße durch auf das Produktionssystem des auf der nachgelagerten Stufe der Wertschöpfung stehenden Abnehmers abgestimmte Prozesse determiniert.[2] Tayloristische Leitsätze über die hierarchischen Strukturen eines Unternehmens verschwimmen,[3] die funktionale Arbeitsteilung innerhalb der Aufbauorganisation sowie die systematische Arbeitsanalyse der Ablauforganisation sind überholt, die Unterscheidung zwischen ausführender und dispositiver Arbeit wird aufgeweicht.[4] Unternehmen fällt es zunehmend schwerer, aufgrund von kürzeren Produktlebenszyklen Skaleneffekte zu realisieren.

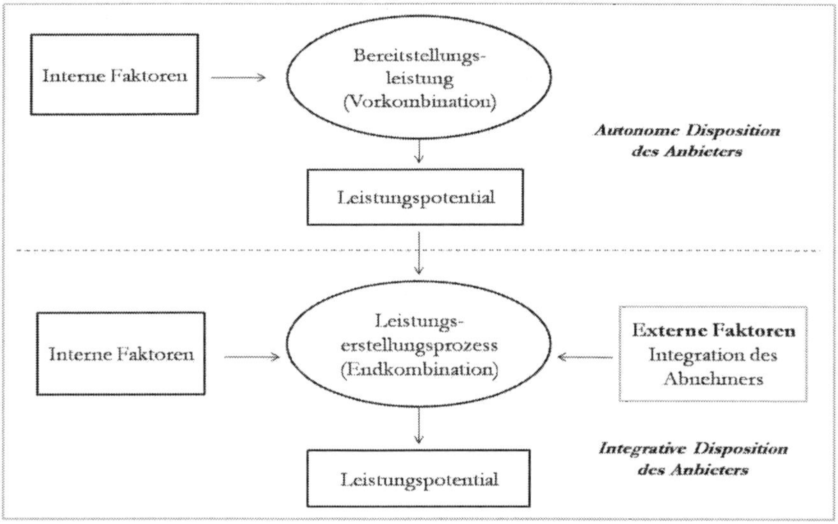

Abb. 10: Integration externer Faktoren in den Prozess der Leistungserstellung[5]

---

[1] Vgl. Kleinaltenkamp, M.: Customer Integration – Kundenintegration als Leitbild für das Business-to-Business-Marketing, in: Kleinaltenkamp, M.; Fließ, S.; Jacob, F. (Hrsg.): Customer Integration, Wiesbaden 1996. S. 15.

[2] Vgl. Reichwald, R.; Piller, F.: Wertschöpfung, a.a.O., S. 5.

[3] Vgl. Picot, A.; Reichwald, R.; Wigand, R.T, a.a.O., S. 2.

[4] Vgl. Walcher, D., a.a.O., S. 23.

[5] Quelle: Hildebrand, V.G.: Individualisierung als strategische Option der Marktbearbeitung – Determinanten und Erfolgswirkungen kundenindividueller Marketingkonzepte, 1997, S. 33, Abb. 2-3.

Die Kundeninteraktion bei der Konkretisierung und Nutzung des Produktes wird intensiv verfolgt, da die Stückkosten aufgrund des steigenden Aufwands für Entwicklung und Herstellung steigen.[1]

Das Konzept der Co-Production, die Aufgabenverlagerung von Wertschöpfungsaktivitäten vom Produzenten zum Kunden, folgt dem Prinzip der Selbstbedienung. Co-Production bedeutet Kooperation, die trotz divergierender Interessen das Ziel der Produkterstellung verfolgt. Das Ziel ist die Verbesserung der Arbeitsteilung zwischen Produzent und Konsument unter Berücksichtigung der jeweiligen Kernkompetenzen.[2]

Da selten ein Erfinder innovativ und zudem vermögend ist, verlangt jede Innovation mindestens ein fachlich kompetentes Individuum und komplementär einen finanziellen Partner. Von Hippel, der federführend im Bereich der Kundeninnovationsforschung ist, schlägt drei Strategien vor, mit denen ein Unternehmen auf die veränderten Verhältnisse reagieren und die Innovationsfähigkeiten von Kunden nutzen kann:[3]

(1) Die reaktive Kundenintegration bezeichnet das Aufspüren, die Übernahme und die Verwertung von Innovationen, die von Kunden in Eigenleistung entwickelt wurden.
Die single-source Sichtweise wird um einen autonomen und selbstständigen Nutzer erweitert, der Kunde tritt als Ideengeber und Initiator eines sich ´demokratisierenden Innovationsprozesses´ auf.[4]

(2) Die aktive Kundenintegration zeichnet sich durch eine durch das Unternehmen bereitgestellte Interaktionsplattform aus, durch die eine Kollaboration in der Innovationsgenerierung ermöglicht wird. Die innovative Kundentätigkeit wird angestoßen und das Ergebnis gegen finanzielle Kompensation durch das Unternehmen gefertigt.

(3) Das Anbieten von Komplementärleistungen für Kundeninnovationen, z.B. in Form von begleitenden Dienstleistungen, stellt eine weitere Strategie dar.

---

[1] Vgl. Reichwald, R.; Piller, F.: Wertschöpfung, a.a.O., S. 5 und S. 55.

[2] Vgl. Grün, O.; Brunner, J.-C.: Wenn der Kunde mit anpackt – Wertschöpfung durch Co-Produktion, in: Zeitschrift Führung + Organisation 72 (2003) 2, S. 87 und S. 93.

[3] Vgl. von Hippel, E.: Democratizing, a.a.O., S. 126f.

[4] Vgl. ebenda, S. 1ff.

Die integrierende Interaktion mit Kunden stellt im Produktionsbereich ein notwendiges Mittel dar, um erfolgreiche Umsetzungen für nachfrageinitiierte Produkte zu generieren. Die Bedeutung im Rahmen des Technologiedrucks ist als nachrangig zu sehen. Diese Feststellung kann auch auf den Bereich der Ideengenerierung und -konkretisierung übertragen werden. Der Kunde verfügt über Bedürfnisse, die im unternehmerischen Innovationsprozess von Relevanz sind. Die Autoren Reichwald und Piller bauen auf den Arbeiten Von Hippels auf und sehen weitere Vorteile in der Kundenintegration.

4.2.2 Ansatz der Open Innovation nach Reichwald/Piller

In den Arbeiten Reichwalds stellt die aktive Kundenintegration bei Innovationstätigkeiten einen fokussierenden Aspekt des sich insgesamt öffnenden Innovationsprozesses dar.[1] Piller hingegen bezieht sich in seinen Forschungen mit Schwerpunkt Mass Customization auf Produkte, die zum einen durch demand-pull entstehen und zum anderen auf die Interaktion mit ausgewählten Kunden. Ausgangspunkt dafür ist die Beobachtung, dass eine spezielle Art von Kunden über Informationen verfügt, die für das Unternehmen Erfolgsrelevanz besitzen.[2] Open Innovation bezeichnet für den Forscher das Ergebnis offener, wenig koordinierter Netzwerke zwischen Unternehmen und einer großen Anzahl von Anwendern.[3]

In dem Buch „Interaktive Wertschöpfung" treten die Reichwald und Piller als gemeinsame Autoren auf und unternehmen darin den Versuch, ihren Ansatz von Open Innovation im Kontext der Wettbewerbsstrategien anzusiedeln. In der Festlegung der Autoren verkörpert Open Innovation ein den Kunden aktiv integrierendes Konzept. Dieser Open Innovation Ansatz kann in der Klassifikation Von Hippels als aktive Kundenintegration verortet werden. Die Stellung des Kunden rückt in den Mittelpunkt der Betrachtung und es wird der einseitigen Ansicht widersprochen, dass Kunden lediglich als Empfänger betrieblicher Leistungen anzu-

[1] Vgl. Reichwald, R.; Meyer, A.; Engelmann, M.; Walcher, D., a.a.O., S. 28f.

[2] Vgl. Piller, F.T.: Die neue Rolle des Kunden: Grundsätze und Varianten der Kundenintegration, in: Piller, F.T.; Stotko, C.M. (Hrsg.): Mass Customization und Kundenintegration–Neue Wege zum innovativen Produkt, Düsseldorf 2003, S. 64ff.

[3] Vgl. Piller, F.T.: User Innovation: Der Kunde kann´s besser, in: Drossou, O.; Krempl, S. (Hrsg.): Die wunderbare Wissensvermehrung. Wie Open Innovation unsere Welt revolutioniert, Hannover 2006, S. 85.

sehen sind. Grund hierfür ist die Annahme, dass Wertschöpfung synchron und interaktiv zu betrachten sei und Kunden Werte schaffen, nicht zerstören.[1] Die Forscher konstatieren die Existenz von externen Wissensquellen und somit komplementären Innovationsressourcen als Datum, akzentuieren gleichzeitig aber insbesondere den Prozess der Forschung und Entwicklung. Diese Ansicht wird unterstrichen mit der bewussten Beteiligung des Kunden im Innovationsprozess, der gemeinsam zu vollziehen sei.[2]

Der Ansatz basiert auf der zuvor dargestellten Komplementärbeziehung von Produkt und Dienstleistung von Kleinaltenkamp, die mit der Dimension eines Lösungsraumes ergänzt wird. „*Der Lösungsraum ist die Gesamtheit aller Problemlösungen, die ein Unternehmen auf Basis vorhandener Produktarchitekturen und darauf abgestimmter Fertigungs- und Vertriebsprozesse gegenwärtig anbieten kann.*“[3] Durch die Einbeziehung des Lösungsraums als Gestaltungsvariable wird die Übertragung der Überlegungen zum Leistungserstellungsprozess in Form von Mass Customization auf den Innovationsprozess ermöglicht. Als grundlegendes Prinzip der effizienten Gestaltung individueller Produktion wird die Festlegung des Punkts der Kundeninteraktion gesehen und damit wird es wichtig die Stelle zu bestimmen, an der das auftragsneutrale System der Potentialbereitstellung mit dem kundenauftragsbezogenen der Konfiguration und Potentialnutzung zusammentrifft.[4] Diese Schnittstellenverschiebung wird in Abb. 11 veranschaulicht.

Dem Konzept von Reichwald und Piller folgend, besitzt der Kunde Bedürfnisinformationen, die Wünsche, Präferenzen und Anforderungen an eine Neuentwicklung beinhalten. Lösungsinformationen hingegen stoßen das zweckorientierte Wissen eines Unternehmens an, um Neuentwicklungen effektiv und effizient generieren zu können und die bei einem integrierenden Innovationsmanagement die

[1] Vgl. Ramírez, R.: Value Co-Production: Intellectual Origins and Implications for Practice and Research, in: Strategic Management Journal 20 (1999) 1, S. 50.

[2] Vgl. Reichwald, R.; Piller, F.: Wertschöpfung, a.a.O., S. 118.

[3] Vgl. ebenda S. 45.

[4] Vgl. Reichwald, R; Piller, F.T.: Customer Integration: Formen und Prinzipien einer Integration der Kunden in die unternehmerische Wertschöpfung, Arbeitsbericht Nr. 26, Jan 2002 des Lehrstuhl für Allgemeine und Industrielle Betriebswirtschaftslehre der Technischen Universität München, S. 19.

Erweiterung des Lösungsraumes bedeuten.[1] Besitzen Bedürfnisinformationen den Charakter von implizitem Wissen, so entwickelt sich vor dem Hintergrund der Transaktionskosten der Transfer von Informationen zu einem kostspieligen Moment für das Unternehmen.[2]

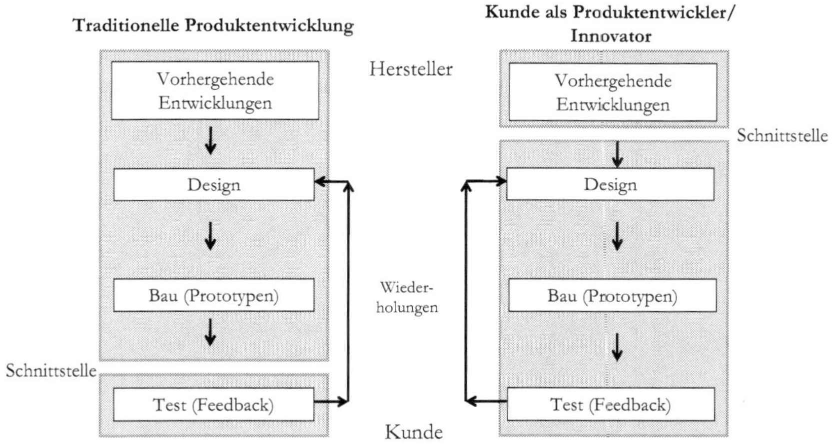

Abb. 11: Iterativer Problemlösungsprozess klassischer/offener Innovationsprozess[3]

Für unternehmerischen Erfolg war bisher die Gewinnung von Marktdaten und Informationen über Kundenbedürfnisse durch die Marktforschung von ergebnisrelevanter Bedeutung. Neben diese Quelle treten die auch dem Vertrieb obliegende Identifikation von innovativen Nutzern und die Erkennung von potentiellen Initiatoren der Lösungsfindung.[4] Der ursprünglich durch Von Hippel nach Studien zu Prozessinnovationen im Investitionsgüterbereich eingeführte Begriff des Lead Users, der potentielle Initiatoren bezeichnet (s. Kap. 4.3), hat sich in der Literatur

[1] Vgl. Reichwald, R.; Piller, F.: Wertschöpfung, a.a.O., S. 50f.

[2] Vgl. ebenda, S. 56.

[3] Quelle: in Anlehnung an: Thomke, E.; von Hippel, E.: Customers as Innovators, in: Harvard business review 80 (2002) 44, S. 76.

[4] Vgl. Reichwald, R.; Bastian, C.; Lohse, C.: Vertriebsmanagement im Wandel – Neue Anforderungen an die Gestaltung der Kundenschnittstelle, in: Reichwald, R.; Bullinger, H.-J. (Hrsg.) : Vertriebsmanagement, Stuttgart 2000, S. 27f.

etabliert.[1] Nicht mehr der Transfer von Informationen wird singulär präferiert, sondern die Wertschöpfung durch den Kunden als Wissensträger.

4.2.3 Ansatz der Interaktiven Wertschöpfung

Laut der Autoren kann in zwei elementare Wertschöpfungsphasen unterschieden werden, in denen der Kunde partizipiert: Interaktive Wertschöpfung bezeichnet nach der Begriffsbestimmung der Forscher zum einen Open Innovation, die die Phase des Innovationsprozesses abdeckt, zum anderen Produktindividualisierung, die im Produktionsprozess vorzufinden ist und in die Literatur mit dem Begriff der Mass Customization eingegangen ist.[2]

Diese Art der Klassifikation ist als Versuch anzusehen, bestehende Erkenntnisse über Wertschöpfungsmodelle neu einzuordnen. Mass Customization stellt hierbei ein bekanntes, in der Literatur ausführlich diskutiertes Prinzip dar.

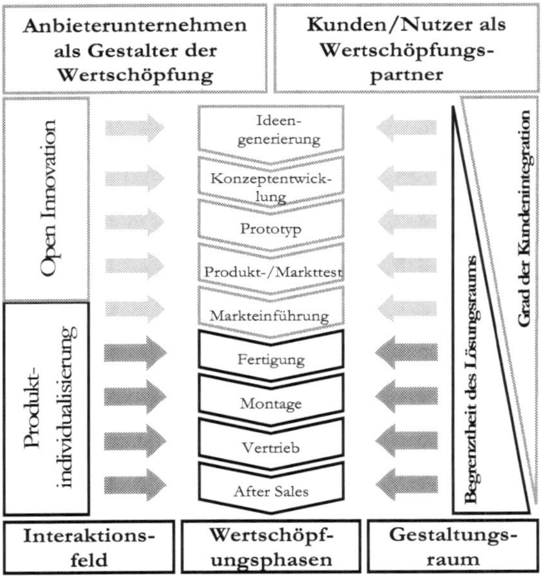

Abb. 12: Ansatz der Interaktiven Wertschöpfung[3]

[1] Vgl. Walcher, D., a.a.O., S.30.
[2] Vgl. Reichwald, R.; Piller, F.: Wertschöpfung, a.a.O., S. 45.
[3] Quelle: ebenda, S. 44, Abb. 2-6.

In diesem Ansatz können Wettbewerbsvorteile dann geschaffen werden, wenn die richtigen Prozesse und Instrumente eingesetzt werden, um mit dem Kunden zu interagieren. Er stellt für den Kunden die Leistungskonkretisierung und Leistungsindividualisierung in einem begrenzten bis geschlossenen Lösungsraum dar; Open Innovation hingegen ist gekennzeichnet durch einen offenen Lösungsraum, durch den dem Kunden völlig neuartige Zweck-Mittel-Kombinationen eröffnet werden.[1] Unter dem Begriff der Innovation wird folglich die Erweiterung des Lösungsraumes eines Nutzers oder Herstellers verstanden.[2] Zentraler Protagonist dieses Prinzips ist der Kunde. Der Transfer impliziten Wissens vom Kunden zum Unternehmen entspricht der idealistischen Abfolge Interaktion, Integration und Innovation. Besitzt ein Unternehmen die Fähigkeiten und Kernkompetenzen, dem Kunden einen hohen Stellenwert in der Wertschöpfung einzuräumen, so bietet sich die Möglichkeit, dass sich die Implementierungsaufwendungen für die notwendige Infrastruktur und die gestiegenen Kosten für Produkte und Leistungen mit Individualitätscharakter in kurzer Frist amortisieren.[3] Durch die Übertragung von Wertschöpfungsaufgaben an den Kunden können die hohen Transaktionskosten eines direkten Wissenstransfers umgangen und darüber hinaus Lösungen ermöglicht werden, die dem Unternehmen zuvor aus Mangel an Kommunikation und bilateralem Austausch verwehrt geblieben wären.[4]

Schon durch Von Hippel erhobene Studien belegen, dass im Extrem der Kunde über ausreichend dezidiertes Wissen verfügt, um durch eigene Aktivität dem Bedürfnis adäquate Befriedigung zu verleihen.[5] Ausgangspunkt für seine Untersuchungen bilden die oben beschriebenen Investitionsgüter, die Erkenntnisse lassen sich auch auf industrielle Konsumgüter übertragen, bei denen an die Stelle des industriellen Kunden der private Konsument tritt.[6] Dass die Ergebnisse Von Hippels, die aus dem Investitionsgüterbereich stammen, auch auf den Konsumgüterbereich übertragbar sind, weist Lüthje mit einer empirischen Studie nach, wodurch er den

[1] Vgl. Walcher, D., a.a.O., S. 25 und Reichwald, R.; Piller, F.: Wertschöpfung, a.a.O., S. 45.

[2] Vgl. Reichwald, R.; Piller, F.: Wertschöpfung, a.a.O., S. 100.

[3] Vgl. Berger, C.; Piller, F.T.: Customers as Co-Designers, in: IEE Manufacturing Engineer 82 (2003) August, S. 46.

[4] Vgl. von Hippel, E.: Successful, a.a.O., S. 41f.

[5] Vgl. ebenda S. 44.

[6] Vgl. ebenda S. 40.

Ansatz zur systematischen Lead User Methode in Konsumgütermärkten liefert.[1] Reichwald und Piller wenden die fundierten Erkenntnisse einer Kundeneinbindung in der Produktion auf den Innovationsbereich an, da sich ihrer Ansicht nach deren positiven Wirkungen auf das Ergebnis zwangsläufig übertragen lassen.

4.2.4 Voraussetzungen für die Innovationsgenerierung

Organisationsbedingungen

Unternehmen stehen nicht selten vor der innovate-or-buy Entscheidung. Für den Fall, in dem ein Nutzer einen Hersteller im Rahmen eines demand-pull mit der Entwicklung beauftragt, entstehen Agency-Kosten, eine Prinzipal-Agenten-Situation tritt ein. Oftmals unterscheiden sich die Ziele des Kunden und des Herstellers in Bezug auf die Entwicklung erheblich, womit für die Kontrolle und Steuerung Kosten auftreten.[2] Informationsasymmetrien beeinflussen die Herangehensweise, mit der die Problemlösung begonnen wird, die Delegation an einen Hersteller führt u.U. nicht zu der optimalen Bedürfnisbefriedigung und in Hinblick auf Transaktionskosten kann es für Nutzer effizienter sein, Produkte eigenständig zu entwickeln.[3] Individuen verfügen zunehmend über Zugriff auf weit entwickelte Designinstrumente und qualitativ hochwertige Gestaltungsprogramme, die auf handelsüblichen Personalcomputern angewendet werden können.[4] Die Bedeutung durchweg hierarchischen Bezugs verringert sich sowohl hinsichtlich der Produktion als auch in Hinblick auf Innovationsaktivitäten. Erst wenn ein höherer Spezifitätsgrad erreicht ist, wird der Wechsel von Markt zu hybriden Organisationsformen und zu hierarchischen Organisationen vorteilhaft.[5] Durch die Verbesserung von Kommunikationstechnologie und Senkung von Zugriffsbarrieren auf modifizierbare Entwürfe wird die Intensität der Kundenintegration steigen, auch wenn die Heterogenität der Kundenwünsche und die Zahlungsbereitschaft konstant bleiben.[6]

Von Hippel weist dies im spezifischen Fall einer Produktentwicklung nach: Der Nutzer als eigenständiger Entwickler wird Innovationen generieren, die mög-

---

[1] Vgl. Lüthje, C.: Kundenorientierung im Innovationsprozess, Wiesbaden 2000, S. 45ff.

[2] Vgl. von Hippel, E.: Democratizing, a.a.O., S. 46.

[3] Vgl. ebenda S. 51.

[4] Vgl. ebenda S. 122f.

[5] Vgl. Picot, A.; Reichwald, R.; Wigand, R.T., a.a.O., S.72.

[6] Vgl. von Hippel, E.: Democratizing, a.a.O., S. 121.

lichst genau die eigenen Bedürfnisse und Vorstellungen über die Anwendbarkeit treffen. Hersteller andererseits werden versuchen, Lösungen zu finden, die möglichst genau mit dem ihnen vorliegenden Wissen übereinstimmen.[1] Von Hippel nennt das Beispiel eines Tennisspielers, der einen seiner Schlagtechnik entsprechenden Schläger benötigt. Wendet sich der Kunde an einen Spezialisten für Karbonwerkstoff, so wird dieser ihm keine Lösung aus einem anderen Material anbieten, auch wenn dieser den subjektiven Anforderungen besser entsprechen würde.[2] Kunden können im vorhinein nicht vollständig definieren, welche Anforderungen sie besitzen; Hersteller können im Vorhinein nicht abschätzen, ob die Eigenschaften eines Prototyps den Anforderungen gerecht werden, wenn vor dem Beginn der Entwicklung nicht Rücksicht auf spezifische Kundenwünsche genommen wird. Konkludierend kann gesagt werden, dass in Projekten, in denen die Produktentwicklung im Vordergrund steht, bedürfnisintensive Aspekte durch Innovationen durch Nutzer realisiert werden, wohingegen technologieintensiven Fragestellungen im Falle eines technology-push mittels Entwicklung durch Hersteller begegnet wird.[3]

Erkennen Unternehmen die Relevanz von komplementärem Kundenwissen, dann wird die Interaktionskompetenz zu einer Kernkompetenz der Organisation im Sinne des RbV. Organisationsstrukturen werden eingeführt, um im Sinne einer Wertschöpfungspartnerschaft implizites Wissen der Kunden konkretisieren, integrieren und nutzen zu können.[4] Die Interaktion hat das Ziel, die traditionell einseitig ausgerichtete Kommunikation in einen kontinuierlichen bilateralen Dialog mit den Kunden umzuwandeln.[5]

Dieser Transfer stellt neue Anforderungen an die Interaktionskompetenz einer Organisation, um den vormals von festen Unternehmensgrenzen dominierten Innovationsprozess anstoßen und unterstützen zu können.[6] Zur Unternehmensaufgabe wird es, eine Interaktionsplattform bereit zu stellen, mittels der der Nutzer in einem wenig verengten Lösungsraum Bedürfnisse konkretisieren und ausgereifte

[1] Vgl. von Hippel, E.: Democratizing, a.a.O., S. 71.

[2] Vgl. ebenda S. 47.

[3] Vgl. ebenda S. 72.

[4] Vgl. Piller, F.T.: User Innovation, a.a.O., S. 92.

[5] Vgl. Reichwald, R.; Piller, F.: Wertschöpfung, a.a.O., S. 85.

[6] Vgl. ebenda S. 134f.

Entwicklungen kommunizieren kann.[1] Durch die Wandlung des Entwicklungsstands der I&K-Technologien von einem vernachlässigbar wirkenden Faktor hin zu einem Enabler oder bisweilen auch Initiator der Umgestaltung organisationaler Strukturen, öffnet sich der Raum für neue Organisationsformen, die den Wettbewerbsbedingungen adäquat begegnen.[2] In der Wechselwirkung zwischen Unternehmen und Kunden sind psycho-dynamische Antriebskräfte zu entwickeln, um kreatives Denken auszulösen.[3] Durch die gezielt qualitative Selektion eines Nutzers bieten sich Wege zu Neuproduktideen.[4] Wie das Beispiel Threadless zeigt, kann sich eine erhöhte Kundenloyalität entwickeln, die nachhaltige Wettbewerbsvorteile sichert. Ist die Integration gelungen, dann fällt dem Hersteller die Bestimmung zu, die sich auf dem Transformationsprozess basierende Lösung zu produzieren und zu positionieren.

Lead User

Viele potentielle Abnehmer besitzen nicht die notwendige Erfahrung, um ein Problem zu lösen.[5] Auch die versierten Nutzer von komplexen technischen Geräten, wie z.B. professionelle Rennfahrer, sind ohne ein qualifiziertes Team, das auf die Verbesserungsanregungen reagiert, nicht zu einer technischen Ergebnisverbesserung fähig.[6] Soll jedoch die Integration eines Nutzers erfolgen, muss erkennbar sein, dass dieser über die notwendigen Eigenschaften verfügt, um den Innovationsprozess ergebnisorientiert zu beeinflussen. Von Hippel bezeichnet in dem von ihm entwickelten Verfahren der Kundeneinbindung einen „fortschrittlichen Kunden",[7] der die gewünschten Charakteristika besitzt, als Lead User.[8] Die beobachtbare Dynamik des Marktes veranlasst Untersuchende dazu, die Kundenbedürfnisse nicht

---

[1] Vgl. Reichwald, R.; Piller, F.: Wertschöpfung, a.a.O., S. 164.

[2] Vgl. Nagel, K.; Erben, R.F.; Piller, F.T.: Informationsrevolution und Industrielle Produktion-Eine einführende Betrachtung, in: dieselben (Hrsg.): Produktionswirtschaft 2000: Perspektiven für die Fabrik der Zukunft, Wiesbaden 1999, S. 8f.

[3] Vgl. Picot, A.; Reichwald, R.; Wigand, R.T., a.a.O., S. 502.

[4] Vgl. Herstatt, C.; Lüthje, C., a.a.O., S. 270.

[5] Vgl. von Hippel, E.: Lead User: A Source of Novel Product Concepts, in: Management Science 32 (1986) 7, S. 791.

[6] Vgl. Braun, V.R.G.: Barriers to User-Innovation & The Paradigm of Licensing to Innovate, Diss. 2007, S. 20.

[7] Reichwald, R.; Piller, F.: Wertschöpfung, S. 81.

[8] Vgl. von Hippel, E.: Lead User, a.a.O., S. 791f.

bei typischen aktuellen Anwendern zu suchen, sondern bei potentiellen zukünftigen Anwendern, die bereits heute die Probleme von morgen haben.[1]

Brockhoff charakterisiert vier Gruppen von Pilotkunden: (1) Mitgestalter der Produktentwicklung, die Ideengeber, Anreger, Gestalter und Problemlöser sein können; (2) Hersteller von Quasi-Prototypen, die besonders dem Von Hippel dezidiert beschriebenen Typ des selbstständigen Kundeninnovators entsprechen; (3) Lieferanten von Anwendungserfahrungen, deren unverzerrte Übermittlung an den Hersteller das Ziel darstellt; (4) Erstinteressenten oder Erstbesteller, mit denen der Unsicherheit über den Vertragsabschluss mit „letters of intent“[2] begegnet werden kann.[3]

Lead User, die wie Unternehmen vor der „innovate-or-buy Entscheidung“[4] stehen, stellen die Zielgruppe dar, mit der für Von Hippel Unternehmen die Weiterentwicklung, Modifikation oder Verbesserung eines vorhandenen Produktes betreiben können.[5] Im Rahmen von Open Innovation rückt die aktive Einbindung dieser Nutzer in den Fokus, Kundeninnovation erscheint aktivier- und ggf. steuerbar.[6] Die Ressource Wissen wird vom Kunden zum Unternehmen transferiert, wobei die Dimensionen des Wissens sowohl implizite als auch explizite Formen annehmen können. Besitzen Lead User die Eigenschaft, teamfähig zu sein und in einem komplementären Prozess implizites Wissen an das Unternehmen weitergeben zu können, folgt daraus, dass die Entwicklung von marktnahen Produkten und

[1] Vgl. Engel, D.: Der Kunde als Innovationspartner, in: Engel, K.; Nippa, M. (Hrsg.) : Innovationsmanagement, Heidelberg 2007, S. 140.

[2] Dieser signalisiert bei kurz vor dem Abschluss stehenden Vertragsverhandlungen dem Vertragspartner, dass der Absender trotz der aufgetretenen Verzögerungen am Vertragsabschluss interessiert ist. Vgl. Schmid, K.: Vertragsmanagement bei externer Entwicklung, in: Gassmann. O.; Kobe, C. (Hrsg.): Management von Innovation und Risiko, 2., überarbeitete Auflage, Berlin Heidelberg 2006, S. 499.

[3] Vgl. Brockhoff, K.: Zur Einbeziehung von Kunden in die Produktentwicklung: einige ungelöste Probleme, Scientific Working Paper Series of the Center for Market-oriented Management, Nr.28, WHU- Otto-Beisheim-Hochschule, Vallendar März 2005, S. 5f.

[4] von Hippel, E.: Democratizing, a.a.O., S. 6.

[5] Vgl. Reichwald, R.; Piller, F.: Wertschöpfung, a.a.O., S. 125.

[6] Vgl. Enkel, E.: Chancen und Risiken der Kundenintegration, in: Gassmann. O.; Kobe, C. (Hrsg.): Management von Innovation und Risiko, 2., überarbeitete Auflage, Berlin Heidelberg 2006, S. 172.

Prozessen ermöglicht wird und Lead User den Unsicherheitsfaktor Marktakzeptanz reduzieren können.[1]

Es existieren verschiedene Instrumente, um das Wissen von Lead Usern an der sich verschobenen Schnittstelle Unternehmen/Kunde (s. Abb. 11) zu integrieren. Genannt werden können ´Toolkits for Open Innovation´ und ´Ideenwettbewerbe´.[2] Um eine Verfehlung eines Trends entgegenzuwirken, werden die Ergebnisse durch die klassische Marktforschung begleitet. Die Interaktion kann durch ´Feedbackstrukturen´ gefördert werden.[3] Ausgangspunkt hierfür bildet die Ansicht, dass Kreativität prozessual abläuft und sich vergleichbar mit einem Problemlösungsprozess erst durch die intensive Beschäftigung mit einer Fragestellung in Phasen entwickelt.[4] Dieser Trial-and-Error Prozess wird durch Simulation und entsprechendes Feedback ermöglicht. Die Analyse des Ergebnisses dient dazu, die im Versuch abgelaufenen Schritte zu verstehen und die erhaltenen Informationen über Fehler aufzunehmen.[5]

4.3 Chancen und Risiken

4.3.1 Betrachtung aus Sicht des Unternehmens

Chancen

Die meisten der allein durch Hersteller entwickelten Produkte schlagen fehl, durch die gemeinsame Entwicklung durch Nutzer und Unternehmen kommt es zu einer Verbesserung der Erfolgsrate von Innovationen für Hersteller.[6]

Bezugnehmend auf die bereits diskutierte Transaktionskostentheorie erklärt sich die Wahl einer hybriden Organisationsform aufgrund von geringeren Transaktionskosten. Die Berücksichtigung von asymmetrisch verteilten Informationen und rele-

---

[1] Vgl. Reichwald, R.; Piller, F.: Wertschöpfung, a.a.O., S. 139f.

[2] Vertiefende Ausführungen zu Toolkits for Open Innovation und Ideenwettbewerbe s. Anhang.

[3] Vertiefende Ausführungen zu Feedbackstrukturen s. Anhang.

[4] Vgl. Newell, A.; Shaw, J.; Simon, H.: The Processes of Creative Thinking, in: Gruber, H.; Terrell, G.; Wertheimer, M. (Hrsg.): Contemporary Approaches to Creative Thinking, New York 1962, S. 66.

[5] Vgl. von Hippel, E.: Democratizing, a.a.O., S. 63.

[6] Vgl. ebenda S. 107f.

vanten Transaktionskosten stellt Unternehmen vor die Entscheidung, ob sie selbst die Suche nach Innovationen durchführen oder eine existierende Innovation kaufen.[1] Neben die Ziele Produktivität und Kostenwirtschaftlichkeit treten für den Innovator die Ziele Qualität, Zeit und Flexibilität in den Fokus.[2] Nachdem dem Humankapital wieder ein stärkeres Gewicht eingeräumt wird und die Einbeziehung der Mitarbeiter durch flache Hierarchien sowie materielle und immaterielle Anreizsysteme stattfindet, erkennen Unternehmen, dass selbst in modernen Industrien das undefinierbare Wissen noch einen erheblichen Teil der Technologie darstellt.[3] Dieses implizite Kundenwissen kann von der limitierten Unternehmenskompetenz nicht vollständig generiert werden. Die Innovation durch den Nutzer hilft Unternehmen, Informationsasymmetrien zwischen Nutzern und Herstellern zu reduzieren und so die Effizienz des Innovationsprozesses zu steigern.[4] Indem man die Kundenbeziehung nicht in Form einer Prinzipal-Agent-Relation unterhält, sondern Kunden als gleichberechtigt in den Innovationsprozess integriert, kann die verbreitete Wissensbasis für Wettbewerbsvorteile sorgen, die sich in der positiven Beeinflussung der Aspekte „time-to-market", „cost-to-market", „fit-to-market" und „new-to-market" darstellen. Die Zeit zwischen Entwicklungsbeginn und Markteinführung wird verkürzt sowie die in diesem Zeitraum anfallenden Kosten verringert. Die Akzeptanz des Marktes für ein neues Produkt wird gesteigert und wirkt befriedigend auf die Kundenbedürfnisse, da der durch den Kunden wahrgenommene Neuigkeitsgrad einer Innovation gesteigert wird und dadurch eine größere Anzahl an Käufern findet.[5]

Kann der Kunde mit dem benötigten Wissen mit der adäquaten Integrationsmethode zur richtigen Zeit in ein Projekt mit passenden Rahmenbedingungen integriert werden, stellt sich Innovationserfolg ein.[6] Langfristige Kundenbeziehung und Kundenloyalität werden durch eine Verbesserung der Informationsbasis er-

---

[1] Vgl. von Hippel, E.: Democratizing, a.a.O., S. 45.

[2] Vgl. Reichwald, R.; Piller, F.: Wertschöpfung, a.a.O., S. 7.

[3] Vgl. von Hippel, E.: Democratizing, a.a.O., S. 67.

[4] Vgl. ebenda S. 109.

[5] Vgl. Reichwald, R.; Piller, F.: Wertschöpfung, a.a.O., S. 150.

[6] Vgl. Enkel, E.: a.a.O., S. 171-186.

reicht, die zielgenaue Marktbearbeitung durch Minimierung von Streuverlusten ermöglicht und das Absatzrisiko gesenkt.[1]

Risiken

Neben die in Kapitel 3.4 beschriebenen Nachteile einer externen Beschaffung von Wissen treten weitere mit der Kundeninteraktion verbundene Risiken. Als Nachteil werden die zusätzlich entstehenden Kosten für Information und Kommunikation genannt, zusätzlich die hohe Komplexität sowie das Qualitäts- und Vertrauensrisiko für den Anbieter.[2] Bei Einbindung des Kunden in den Suchfeldprozess erhält dieser zwangsläufig Zugang zum Unternehmenswissen. Illoyale Kunden können zu Wissensverlust und Wissensabfluss zum Wettbewerber beitragen.

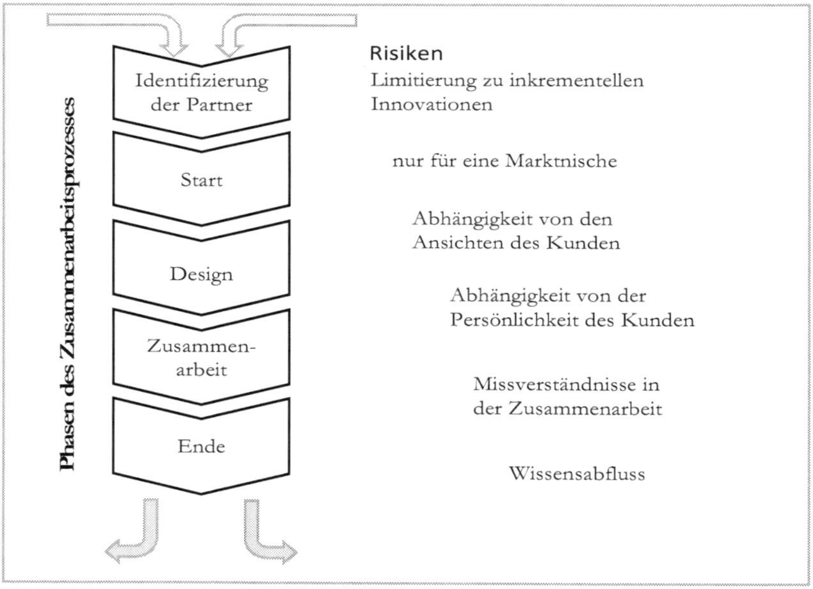

Abb. 13: Phasen des Zusammenarbeitsprozesses und am häufigsten auftretende Risiken[3]

[1] Vgl. Reichwald, R; Piller, F.T.: Customer Integration: Formen und Prinzipien einer Integration der Kunden in die unternehmerische Wertschöpfung, Arbeitsbericht Nr. 26, Jan 2002 des Lehrstuhl für Allgemeine und Industrielle Betriebswirtschaftslehre der Technischen Universität München, S. 17f.

[2] Vgl. Reichwald, R; Piller, F.T.: Customer, a.a.O., S. 16.

[3] Quelle: Enkel, E., a.a.O., S. 174, Abb. 2.

Die Selektion des adäquaten Kunden wird entscheidend, da ggf. dessen individuelle Sichtweise der Schaffung wirtschaftlich interessanter Lösungen entgegen steht. Verfügt der Integrierte zusätzlich über mangelnde Assoziationsfähigkeiten, kann es durch die fehlenden Abstraktionsfähigkeiten weniger zu radikalen als zu inkrementellen Innovationen kommen. Das Risiko der Marktakzeptanz kann allein durch Lead User nicht egalisiert werden, falls die Ergebnisse nicht an die Bedürfnisse der späteren Käufergruppe angepasst werden. Parallele Marktforschung bleit folglich unersetzlich: Der permanente Fluss von Kundenwissen in das Unternehmen wird mit Inputs der Marktforschung verifiziert und so dem NIH-Syndrom entgegengewirkt. Eine große Anzahl von Lead Usern mindert die Abhängigkeitsrelation, wobei die Rechte der IP von implizitem und explizitem Wissen Problemfelder darstellen. Urheberrechtsstreitigkeiten können auftreten, wodurch eine frühzeitige Klärung der Besitzverhältnisse der komplementär entwickelten Lösungen notwendig wird.

4.3.2 Betrachtung aus Sicht des Kunden

Chancen

Es ist zu beobachten, dass Kunden über Konsumkompetenz verfügen, durch welche die Vorteile eines Produktes für den Kunden vollständig erschlossen werden können.[1] Das Ziel des Konsumenten ist der größtmögliche Fit zwischen der individuellen Präferenzstruktur und den Eigenschaften des Produktangebots, somit die Befriedigung des Wunsches nach heterogenen Leistungen. Den Ausgangspunkt für innovative Tätigkeiten bildet die Unzufriedenheit über am Markt erhältliche Lösungen. Der Nutzen, der sich aus den Kosten für die Teilnahme und dem erwarteten Nutzen daraus zusammensetzt, wirkt als Triebkraft für die Teilnahme am Innovationsprozess.[2]

Für den Nutzen aus Kundensicht spielen extrinsische und auch intrinsische Motive eine entscheidende Rolle für die Partizipation. Extrinsische Motivation entsteht nicht durch das Handeln selbst, sondern durch materielle Belohnung einer Tätigkeit durch die Außenwelt.[3] Von Bedeutung für den Entwickler kann sein, dass

[1] Vgl. Nieschlag, R.; Dichtl, E., Hörschgen, H.: Marketing, 19. überarbeitete und ergänzte Auflage, Berlin 2002, S. 600f.

[2] Vgl. Reichwald, R.; Piller, F.: Wertschöpfung, a.a.O., Wiesbaden 2006, S. 136.

[3] Vgl. Meffert, H.: Marketing, 9., überarbeitete und erweiterte Auflage, Wiesbaden 2000, S. 117

er durch komplementäre Aktivitäten u.U. ein professionell gefertigtes Produkt erhält, das seinen Anforderungen gerecht wird. Motivierend wirken auch monetäre Größen wie Gehälter, Zulagen, Provisionen und Prämien, die in Hierarchien gemäß der Rollenverteilung Prinzipal und Agent durch Vorgesetzte gewährt werden.[1] Variables Entgelt, Beteiligung am Ergebnis oder eine Honorierung der Tätigkeit, wie sie Threadless verfolgt, eröffnet die Möglichkeit, den gestiegenen Anforderungen an Agenten mittels extrinsischer Motivation Anerkennung zu verleihen.[2]

Neben diese materiellen Gegenleistungen treten auch intrinsische Motive: Die Erwartung, eine Innovation selber anwenden zu können, motiviert den Nutzer ebenso wie die Teilnahme an einer Aufgabe selbst.[3] Durch die Bearbeitung einer stimulierenden Aufgabe in wissensintensiven Bereichen belohnt der Konsument sich selbst, wobei Neugierde und das Bedürfnis nach Abwechslung stimulierend wirken.[4] Dabei ist es wichtig, dass die Aufgabe eine Herausforderung darstellt, sie sich aber als bewältigbar darstellt. Durch die Interaktion mit dem Hersteller während des Konfigurationsprozesses wird ein emotionales Erlebnis geschaffen.[5] Die Rückkopplung über die erbrachte Leistung kann ein Gefühl der Selbstbestimmung, Kontrolle und Kompetenz hervorrufen, die Begeisterungseigenschaften des Prozesses werden ausschlaggebend. [6] Dies wird bestätigt durch eine Untersuchung Von Hippels, die zu dem Ergebnis kommt, dass der Prozess der Innovationsgenerierung, vergleichbar z.B. mit dem des Lösens eines Kreuzwort- oder Sodokurätsels, bei den Teilnehmern Lernprozesse anregen kann, Selbstverwirklichung ermöglicht und Freude stiftet, was von großem persönlichem Wert für den Partizipierenden ist.[7]

Risiken

Aus der Sicht des Kunden wirkt sich nachteilig aus, wenn die Kosten den erwarteten finanziellen und/oder nichtfinanziellen Nutzen übersteigen. Hierfür verantwortlich sind erhöhte Transaktionskosten, einerseits in Form von Interaktionskos-

---

[1] Vgl. Thomas, K.W.: Team-Time, Kreuzlingen/München 2001, S. 21.

[2] Vgl. Reichwald, R.; Baethge, M.; Brakel, O.; Cramer, J.; Fischer, B.; Paul, G.: Die neue Welt der Mikrounternehmen, Wiesbaden 2004, S. 126.

[3] Vgl. Piller, F.T.: User Innovation, a.a.O., S. 96.

[4] Vgl. Meffert, H., a.a.O., S. 117.

[5] Vgl. Reichwald, R; Piller, F.T.: Customer, a.a.O., S. 15f.

[6] Vgl. Reichwald, R.; Piller, F.: Wertschöpfung, a.a.O., A. S. 145 und vgl. Reichwald, R; Piller, F.T.: Customer, S. 15f.

[7] Vgl. von Hippel, E.: Democratizing, a.a.O., S. 47.

ten, z.B. Zeiteinsatz und Zeitaufwand, andererseits aber auch psychologischen Kosten, die durch Unsicherheit und Risiko entstehen. Das finanzielle Risiko kann vernachlässigt werden, da die Teilnahme in der Regel keine spezifischen Investitionen voraussetzt. Der Ursprung für die emotionale Komponente liegt im wahrgenommenen Risiko, das als Verlusterwartung des Kunden definiert wird.[1] Subjektiv wahrgenommenes Kaufrisiko steigt für den rein konsumtiven Kunden, da dieser wenig Erfahrung mit dem Erwerb von individuellen Produkten besitzt. Daraus folgt u.U. die psychische und zeitliche Überforderung.[2] Für den Abnehmer existiert ein Qualitätsrisiko, da dieser die Leistung ex-ante nicht überprüfen kann und keine Vergleichbarkeit mit anderen Produkten gegeben ist.

4.4 Kritische Würdigung des Ansatzes von Reichwald/Piller

Im Industriegüterbereich konnte anhand von Regressionsanalysen festgestellt werden, dass die Innovationsentwicklung in Lieferanten-Kunden-Beziehungen den Beschaffungsanteil des Lieferanten beim Kunden in den Fällen steigern konnte, in denen der Kunde innovative Eigenschaften besaß. Im Falle von wenig innovativen Kunden verringerte sich der Anteil am Einkaufsvolumen. Unabhängig davon wurden durch die komplementäre Produktentwicklung die wahrgenommene Produktqualität und die Beziehungsqualität positiv beeinflusst, wodurch der Anteil am Geschäftsvolumen der Kunden gesteigert werden konnte.[3] Von Hippel weist in einer empirischen Studie, die zusammen mit Unternehmen aus verschiedenen Branchen durchgeführt wurde, nach, dass Produkte, die mit dem Verfahren des Lead-Users entwickelt wurden, einen höheren Umsatz erzielten als die Produkte, die nach herkömmlichen Verfahren entwickelt wurden.[4] Die Auswahl eines geeigneten innovativen Kunden erscheint notwendig, um in der Kooperation mit einem innovativen Lieferanten positive Effekte zu generieren.

---

[1] Vgl. Reichwald, R.; Piller, F.: Wertschöpfung, a.a.O., S. 147f.

[2] Vgl. Reichwald, R; Piller, F.T.: Customer, a.a.O., S. 14.

[3] Vgl. Walter, A.; Ritter, T.; Riesenhuber, F.: Innovation Develpment in Supplier-Customer Relationships: Does It Give Suppliers a Bigger Piece of the Pie? in: Ernst, H.; Gemünden, H.G. (Hrsg.), a.a.O., S. 14ff.

[4] Vgl. von Hippel, E.: The Sources of Innovation, New York 1988, S. 6f und S. 120.

Wettbewerbsvorteile entstehen durch die Realisierung von hoher kundenorientierter Diversifikation bei niedriger interner Komplexität. In der Folge reicht den Nachahmern lediglich Wissen über Produkte nicht mehr aus, um erfolgreich konkurrieren zu können. Durch die komplexe netzwerkartige Verknüpfung schaffen verbundene Unternehmen Markteintrittsbarrieren, die von Imitatoren kaum überwunden werden können.

Durch die Integration von explizitem und implizitem Wissen des Kunden kann die Leistungsfähigkeit eines Unternehmens verbessert werden. Open Innovation nach dem Verständnis von Reichwald und Piller stellt eine Ergänzung, nicht die Ablösung des konventionellen Innovationsprozesses dar.[1] Die Einbeziehung routinierter Nutzer ist für den Innovationsprozess sicherlich hilfreich, führt jedoch mit hoher Wahrscheinlichkeit zu inkrementellen Verbesserungen, nicht aber zu radikalen Neuerungen. Erhält das Unternehmen Zugang zu implizitem Wissen, ist damit nicht endgültig auch Innovationserfolg verbunden.[2] Mit großer Sicherheit werden die innerbetrieblichen F&E-Abteilungen nicht wegfallen, die konsequente Einbeziehung des Kunden in alle Phasen des Innovationsprozesses stellt aber eine Ergänzung zu bestehenden Prozessen dar.[3]

Der Wissensfluss stärkt zudem den Wissenspool des Kunden. Dieser kann u.U. die Herstellerrolle übernehmen und macht somit das Unternehmen als früheren Hersteller entbehrlich. Insgesamt geht es hier um Zugang zu der knappen Ressourcen Wissen, der durch opportunistisches Verhalten geprägt ist und für den konkurrierendes Verhalten natürlich ist.[4] Kritisch ist zu sehen, dass sich für manche Produkte die Übertragung des Entwicklungsprozesses auf den Kunden aufgrund von ineffizientem Aufwand nicht realisieren lässt, z.B. im Rahmen einer durch die Weiterentwicklung der Technologie initiierten Entwicklung. Zudem sollte dem Kunden die Möglichkeit offen gelassen werden, zwischen der Teilnahme am Innovationsprozess oder dem Erwerb der entwickelten Leistung frei wählen zu können.[5]

[1] Vgl. Piller, F.T.: User Innovation, a.a.O., S. 96.

[2] Vgl. Hauschildt, J.; Salomo, S., a.a.O., S. 431.

[3] Vgl. Walcher, D., a.a.O., S. 278.

[4] Vgl. Brockhoff, K.: Einbeziehung, S. 18f.

[5] Vgl. Grün, O.; Brunner, J-C., a.a.O., S.87 und S. 93.

Wie das Beispiel Threadless zeigt, kann für Kunden die Teilnahme an originär unternehmerischen Aufgaben zum Erlebnis werden. Threadless erfreut sich einer Unterstützung, die weit über bekannte Kundenloyalität hinausgeht: Die Bestrebungen von Imitatoren werden durch Kunden aktiv, z.B. durch das unerlaubte Eindringen in deren Computersysteme, gehemmt.

Reichwald und Piller untersuchen einen Teilaspekt des Ansatzes von Chesbrough: die externe Wissensquelle Kunde. Beiden Autoren ist das in der Literatur bereits mehrfach zitierte Konzept bekannt, sie verzichten jedoch bewusst auf eine Eingliederung in den Kontext der Arbeiten von Chesbrough und auf eine eigenständige bzw. abweichende und dadurch leichter verständliche Namensgebung für ihren Untersuchungsgegenstand. Die Ergebnisse der Arbeiten der Autoren stellen interessante Aspekte dar. Leider firmieren diese unter dem Missverständnisse hervorrufenden Begriff Open Innovation und nicht unter einem neuartigen, radikal innovativen Namen.

5 Open Innovation Ansatz aus der I&K-Technologie

5.1 Fallstudie „Wikipedia"

Ziel des Projekts Wikipedia[1] ist die Erstellung einer Online-Enzyklopädie durch unregistrierte und registrierte Nutzer, die unentgeltlich das Recht besitzen, Inhalte zu nutzen, zu verändern und zu verbreiten. Als ein Meilenstein des Projekts ist die Anfang 2001 geschaffene Möglichkeit zu sehen, die Internetadresse www.wikipedia.com allgemein erreichbar zu machen. Vorläuferprojekte beschränkten sich auf Expertensysteme, in denen nach hierarchischen Strukturen zu genehmigende Beiträge geschrieben wurden. Diese Form der Steuerung und Kontrolle stellte sich jedoch als zu zeitintensiv dar und wurde zugunsten einer Übernahme des Prinzips der Open Source Entwicklung verworfen. Dieses Prinzip der freien Zugänglichkeit und Veränderbarkeit ist im Bereich der Softwareentwicklung beobachtbar und greift auf virtuelle Gemeinschaften zurück. Die erste Version von Wikipedia war auf den englischen Sprachraum beschränkt, wenige Monate später folgte die Erweiterung für weitere Sprachen.

Die Teilnehmer wählen selbstständig das gewünschte Teilprojekt aus, bearbeiten es und stellen die Ergebnisse allen zur Verfügung. Die Reaktionen anderer Teilnehmer sind in Prüfung, Beurteilung und Verbesserung zu sehen.[2] Die Online-Enzyklopädie basiert auf dem Prinzip, dass sich Nutzer gegenseitig kontrollieren und verbessern, ohne diesem Prozess starre Strukturen zu verleihen. Die kaum vorhandene interne Organisationsstruktur wird mittels sozialer Konventionen und informeller Prozesse aufrecht erhalten. Erweiterte Rechte besitzen lediglich durch die Autorengemeinschaft bestimmte oder gewählte Administratoren, die sich durch ihr besonderes Engagement auszeichnen. Motivierend für die Teilnahme an dem Projekt der demokratisch geprägten Beitragserstellung wirkt sich der Erwerb von Ruf und Vertrauen in der Community aus, ebenso wie die intrinsische Motivation nach der Erweiterung des eigenen Wissens.

---

[1] Schuler, G.: Wikipedia inside, Münster 2007, S. 41ff; Frost, I.: Zivilgesellschaftliches Engagement in virtuellen Gemeinschaften: Eine systemwissenschaftliche Analyse des deutschsprachigen Wikipedia-Projektes, München 2006, S. 39ff.

[2] Vgl. Reichwald, R.; Meyer, A.; Engelmann, M., a.a.O., S. 164.

Wikipedia zeichnet sich durch seinen nicht-kommerziellen Charakter aus. Gerüchte um eine mögliche Einblendung von Werbung stellte das Projekt im Jahr 2002 vor große Schwierigkeiten, woraufhin seitens der Gründer eine klare Bekenntnis zu einer Non-Profit-Organisation getroffen wurde und die auch zukünftige Werbefreiheit postuliert wurde. Der Unterhalt des Projekts wird lediglich durch Spenden von Privatpersonen und Unternehmen finanziert.

5.2 Spezialfall Open Source

Grundlagen

Verbindliche Definitionen für Begriffe aus dem Bereich der Softwareentwicklung sind aufgrund der Vielzahl von Akteuren in einem sehr jungen Wissenschaftsgebiet nicht darstellbar, für das Verständnis ist eine Skizzierung jedoch unerlässlich.

Free Software bezeichnet nicht wie intuitiv vermutet die Gebühren- und Kostenfreiheit von Software, sondern das Recht der Inbetriebnahme des Produkts, das Recht der Einsichtnahme in den Quellcode, das Recht der Vervielfältigung, das Recht der Weiterentwicklung, zusätzlich auch die Pflicht, diese wieder allgemein zugänglich zu machen.[1] Konsens besteht über diese Definition aber noch nicht.[2] Open Access bezeichnet die kostenfreie Bereitstellung von Software für den Nutzer. Es schließt jedoch das Recht auf Modifikation aus und grenzt sich hierbei stark von der vorher gewählten Verwendung des Begriffs der Free Software ab.

Open Source bezeichnet nicht nur die den Entwicklern und Nutzern eingeräumten Freiheiten im Hinblick auf das Programm, sondern auch die Zugänglichkeit zum Quellcode[3] eines Programms. \`Open Source Software\` ist ursprünglich frei zugänglich, beinhaltet mittlerweile vielfach auch unter der Lizenz von Unternehmen stehende Elemente und auch Ideen.[4] Der Begriff Open-Source-Software

---

[1] Vgl. Kuhlen, R.: Open Innovation: Teil einer nachhaltigen Wissensökonomie, in: Drossou, O.; Krempl, S., Poltermann, A. (Hrsg.): a.a.O., S. 18.

[2] Vgl. Möller, S.: Open-Source-Software, Göttingen 2006, S. 23.

[3] Der Quellcode ist durch Syntax und Semantik mit einer natürlichen Sprache vergleichbar und für den Menschen lesbar, Maschinensprachen hingegen bestehen aus lediglich binären Zeichen oder Signalen.

[4] Vgl. Taubert, N.C.: Produktive Anarchie? Netzwerke freier Softwareentwicklung, Bielefeld 2006, S. 18.

etablierte sich erst 1991 durch die Formalisierung der Open-Source-Initiative (OSI), welche zehn Anforderungspunkte in Form von Rechten und Pflichten enthält. Allgemein gebräuchlich ist heute die Ansicht, dass sich Open-Source-Software beschränkt *„auf die (softwarenahe) Betrachtung der Technik, der Entwicklungsmethode der Software oder sonstige, direkt mit der Software assoziierbare Aspekte.“*[1] Charakteristisch für Open-Source-Software ist somit, dass die Systemkonzeption, die Entwicklungsumgebung, die Organisationsregeln sowie die Gesetze eigenständig geschaffen werden. Deren Umsetzung liegt originär außerhalb des betriebswirtschaftlichen Interesses, da in ihm keinerlei Involvierung eines Unternehmens gewünscht ist.[2] Unternehmen haben jedoch begonnen, durch gezielte Adaption von Entwicklungen der Open Source Methode Profit zu generieren. Durch die Integration in eigene Produkte wird diese Adaption patentierbar und durch die Privatisierung kann die marktliche Verwertung erfolgen.

Kooperation von Nutzern

Neben die etablierten Organisationsmodelle Hierarchie und Markt tritt ein drittes Modell einer Organisationsform der Wertschöpfung[3], die Netzwerkarrangements sehr ähnlich ist, jedoch trotz Fehlens von Prinzipal-Agenten-Konstellationen über längere Zeit Bestand hat und dabei mitunter sehr effizient und effektiv operiert.[4] Es existieren verschiedene Bezeichnungen für die Gesamtheit der Teilnehmer, Benkler führte z.B. den Begriff ´Commons-Based Peer Production´ ein, die Nomenklaturen Virtuelle Communities[5] und Open Source Communities[6] zielen ebenso auf dieses Phänomen ab. Die verteilte Wissensproduktion, ermöglicht durch das Internet, ist mit den klassischen Organisationsmechanismen der Arbeitsteilung nicht vereinbar und basiert auf dezentral verteilten Informationen, die zwecks Unsicherheitsreduktion der Teilnehmer gesammelt und ausgetauscht werden.[7]

---

[1] Möller, S.: Open-Source-Software, Göttingen 2006, S. 24.

[2] Vgl. Reichwald, R.; Piller, F., Wertschöpfung, a.a.O., S. 180ff.

[3] Vgl. ebenda, S. 59.

[4] Vgl. Macharzina, K.; Wolf, J., a.a.O., S. 521.

[5] Vgl. Herstatt, C.; Verworn, B.: Bedeutung und Charakteristika der frühen Phasen des Innovationsprozesses, in: dieselben (Hrsg.): Management der frühen Innovationsphasen, Wiesbaden 2003, S. 5.

[6] Vgl. Macharzina, K.; Wolf, J., a.a.O., S. 520.

[7] Vgl. Reichwald, R.; Piller, F.: Wertschöpfung, a.a.O., S. 59.

Eine große Anzahl an Individuen beschafft sich unabhängig auf der Suche nach kreativer Betätigung benötigte Informationen. Dabei sind Nutzer gleichsam Produzenten und Weiterentwickler von Wissen. Die Ergebnisse der gemeinsamen Entwicklungstätigkeiten sind frei verfügbar und ohne die traditionellen Restriktionen, wie z.B. Lizenzen, versehen. Das klassische Management von IP wird hinfällig, da Wissen nicht mehr ein Individualgut ist, sondern die Wandlung zu einem öffentlichen Gut erfährt. Die Beteiligten sind nicht in hierarchischer Weise organisiert und die Partizipation an Projekten ist nicht an Preissignalen ausgerichtet. Diese rein teilnehmerkoordinierte Form der arbeitsteiligen Problemlösung bricht mit der auf der Transaktionskostentheorie basierenden Begründung für Abstufungen der hierarchischen Ordnung und erweitert das Spektrum der zu betrachtenden Koordinationsformen.[1] Explizite Regeln und Erfordernisse bestehen nicht. Die Wertschöpfung kommt ohne klassische Eigentumsrechte, Verträge oder hierarchische Organisationsstrukturen aus.[2] Durch diesen Verzicht zugunsten der Selbstorganisation in einer Wertschöpfungspartnerschaft ist erhebliches Einsparpotential von Transaktionskosten für die Beteiligten realisierbar.[3] Die Zusammenarbeit basiert auf Freiwilligkeit und einer Vielzahl individueller Ziele.[4] Das Individuum zeichnet sich durch eigenständige Mitarbeit an einer Einheit aus und partizipiert aufgrund von weiteren als den in Kapitel 4.3.2 genannten Motivationshintergründen.[5] Der Ort der Innovation rückt näher an den Kunden, in dem dieser mit frei veränderbaren Instrumenten ausgestattet wird.

Diese Organisationsform scheint wie ein Basar anarchische Charakteristika zu besitzen, in der Empirie stellt sich jedoch heraus, dass diese selbst organisierende Marktform sehr effizient arbeitet: Nutzer besitzen nicht nur Produkt-, sondern auch Organisations- und Führungs-Know-how. Die horizontalen Innovationsgemeinschaften kommen ohne die Rolle eines Herstellers aus, sie bestehen lediglich aus Nutzern, die eigenständig für sich Informationen und Software entwickeln, sich

[1] Vgl. Benkler, Y.: Coase`s Penguin, or, Linux and The Nature of the Firm, in: The Yale Law Yournal 112 (2002) 3, S. 382.

[2] Vgl. Reichwald, R.; Piller, F.: Wertschöpfung, a.a.O., S. 59.

[3] Vgl. ebenda S. 40.

[4] Vgl. Dillerup, R.; Stoi, R., a.a.O., S. 473.

[5] Vgl. Benkler, Y., a.a.O., S. 382.

über Teilschritte austauschen, das System aufrecht erhalten und das Ergebnis anwenden können.

Die Qualität der aktiven Mitglieder wird über einen Selbstselektionsprozess erreicht, primär ist das Prinzip des Vertrauens.[1] Die Qualitätskontrolle erfolgt durch Kollegen (Peers), manchmal obliegt sie einer Person in Funktion eines benevolenten Diktators mit Entscheidungskompetenz. Sanktionen erfolgen aufgrund des sozialen Charakters nur in einer schwachen Ausprägung in Form von „Flaming" (Beschimpfung) oder „Shunning" (Ausschluss).[2]

Motivation

Die Teilnahme am Innovationsprozess ist für den Kunden nicht extrinsisch motiviert durch den Wunsch nach finanziellem Erfolg oder die Marktführerschaft, sondern die Suche nach dem für die Eigennutzung bestgeeigneten Produkt. Durch die Selbstentwicklung kann die Sicherheit über Produkteigenschaften erhöht werden und durch unmittelbare Reaktionen auf das Engagement entsteht „Mehrwert für alle."[3] Aufgrund von fehlender Konkurrenz, also geringerer Rivalitätsbedingungen unter den Beteiligten, gewinnen Reziprozitätserwartungen an Wichtigkeit. Kreative Programmierer bspw. möchten sich mit anderen verbinden, um Wertschätzung für ihre Arbeit zu erhalten. Dieser soziale Aspekt zeigt sich darin, dass Teilen der entwickelten Leistung und entgegengebrachter Respekt die Bildung von Gemeinschaften und Freundschaften anregen kann.[4] Soziale Bestätigung und externe Anerkennung als immaterielle Belohnung einer Tätigkeit durch die Außenwelt, wie z.B. durch Freunde oder durch Mitteilnehmer an einer Problemlösung, wirkt motivierend.[5] Der Teilnehmer erhofft sich durch die Demonstration seiner Leistungsstärke Reputation.

Weiterhin kann intrinsische Motivation die Partizipation erklären: Das Aufgehen in einer Aufgabe, der sog. Flow-Effekt, zeigt aus einer hedonistischen Perspektive, dass der persönliche Nutzen wie Information, Kommunikation und Wis-

[1] Vgl. Dillerup, R.; Stoi, R., a.a.O., S. 473.

[2] Vgl. Franke, N.: Open Source & Co.: Innovative User-Netzwerke, in: Albers, S.; Gassmann, O. (Hrsg.), a.a.O., S. 706f.

[3] Piller, F.T.: User Innovation, a.a.O., S. 87.

[4] Vgl. von Hippel, E.: Democratizing, a.a.O.„ S. 124.

[5] Vgl. Reichwald, R.; Piller, F.: Wertschöpfung, a.a.O., S. 146f.

sensvermehrung Einfluss auf das Verhalten nimmt.[1] Die Erwartung des günstigen bzw. unentgeltlichen Bezugs der verbesserten Software und Spaß am Programmieren treibt ebenso an wie Ego-Gratifikation und der Wunsch nach Anerkennung und Reputation in der Peergroup. Die Mitarbeit im Team bekannter Programmierer kann im Bereich der Softwareentwicklung zur primären Präferenz werden und die sich anschließende angenommene Unersetzlichkeit für das Team zum Ziel avancieren.[2]

Ein weiterer Aspekt stellt zu beobachtende Altruismus dar, der die gemeinsame Ausführung der Innovationstätigkeit aus dem Motiv des Vertrauens und der moralischen Verpflichtung gegenüber anderen erklärt.[3] Erweiternd wirken auch ideologische Gründe für eine Teilnahme in dem Fall, dass der Partizipierende sich mit der Gemeinschaft der User identifiziert und man gemeinsame Normen und Werte verfolgt.

5.3 Open Source und Open Innovation

5.3.1 Open Source und dritter Ansatz von Open Innovation

Grundaussage

Das dritte Begriffsverständnis, mit dem Open Innovation gezielt verwendet wird, wird dadurch geprägt, dass Teilnehmer im Bereich der Softwareentwicklung die zunehmende kommerzielle Nutzung der Ergebnisse der Open Source Software erkennen und kritisieren. Ursprünglich war die Open Source Bewegung ausschließlich von Nutzern geprägt, die ohne finanzielle Motive kostenfrei an der Entwicklung teilnehmen. Unternehmen hingegen ziehen aus den kostengünstigen Ergebnissen von autonomen Nutzeraktivitäten Vorteile, integrieren diese in eigene Produkte und generieren dadurch Gewinne.

Der Schutz geistiger Eigentumsrechte wird in virtuellen Gemeinschaften einerseits schwieriger durchsetzbar, zum anderen stellt dieser eine künstliche Verknappung des Wissens dar, was zur Folge hat, dass die wissenschaftliche Invention

[1] Vgl. Reichwald, R.; Baethge, M.; Brakel, O.; Cramer, J.; Fischer, B.; Paul, G., a.a.O., S. 126f.

[2] Vgl. Wecht, C.H.: Das Management aktiver Kundenintegration in der Frühphase des Innovationsprozesses, Wiesbaden 2006, S. 25.

[3] Vgl. Piller, F.T.: User Innovation, a.a.O., S. 95.

und die wirtschaftliche Innovation gehemmt werden.[1] Autoren aus dem Softwareentwicklungsbereich mahnen, dass besonders die gemeinsame Schaffung von Wissen in Nutzernetzwerken kaum geschützt werden und eine Nutzbarmachung durch Unternehmen kaum unterbunden werden kann. Die grundlegende Überzeugung der Softwareentwickler, dass weiterführende Innovationen durch den Schutz von IP eingeschränkt werden und die exklusive Verwertung von Wissen durch Umwandlung zu einem ausschließbaren Gut die positive Entwicklung gesellschaftlicher Wohlfahrt behindert, wird durch die Vorteilnahme durch Firmen bedroht.[2] Die ausdrücklich nicht-kommerzielle Ausrichtung im Sinne einer ideologischen Überzeugung wird durch Von Hippel mit dem Begriff ´User Innovation Networks´ bezeichnet.[3] Dieses Netzwerk verzichtet ausdrücklich auf die Interaktion mit einem Hersteller und deckt die gesamte Wertschöpfungskette ab. Diese innovativen User-Netzwerke sind Zusammenschlüsse von Usern, die mit ihren Innovationsfähigkeiten und die Kombination komplementärer Fähigkeiten die Grenzen des Einzelnen überwinden.[4]

Open Innovation bezeichnet nach diesem Verständnis die freizügige und zwingend kostenlose Weitergabe von bestehendem Wissen, um daraus neue Produkte oder Verfahren zu entwickeln. Der Innovationsbegriff erfährt eine von der betriebswirtschaftlichen Betrachtung abweichende bis gegensätzliche Umdeutung: Open Innovation steht allgemein für Organisationsmodelle, die für den Umgang mit Wissen entstehen, daneben auch für die Herausbildung neuer sozialer und politischer Strukturen, wie z.B. zwecks Friedenssicherung oder der Förderung demokratischer Mitbestimmung, die für das Geschehen in der Wirtschaft verantwortlich ist. In diesem Rahmen rücken die Transaktionskostentheorie und die Theorien strategischen Managements in den Hintergrund bzw. werden obsolet. Open Innovation erhält die Stellung eines zentralen Konzepts einer neuen, von Anarchie geprägten Gesellschaftstheorie, das den neuen elektronischen Gegebenheiten und den hieraus entwachsenen Möglichkeiten der freien Formen des Umgangs mit Wissens

[1] Vgl. Drossou, O.; Krempl, S.; Poltermann, A.: Der Kampf um die Innovationsfreiheit, in: dieselben (Hrsg.), a.a.O., S. 1-10.

[2] Vgl. Kuhlen, R., a.a.O., S. 22.

[3] Vgl. Reichwald, R.; Piller, F.: Wertschöpfung, S. 62.

[4] Vgl. Franke, N., a.a.O., S. 701.

und Informationen gerecht werden soll.[1] Wissen ersetzt das für Unternehmen konstituierende Kapital, die Institution Firma wird irrelevant.[2]

Sozialen Charakter erfährt in diesem Verständnis die Aussage, dass die Teilnehmer sich durch Offenheit für das Wissen anderer auszeichnen, das Wissen gemeinschaftlich erzeugen und anwenden mit dem Ziel, es mit anderen zu teilen. Diese Erkenntnisse werden aktiv in die Öffentlichkeit kommuniziert, um wissenschaftliche Invention zu begünstigen.[3]

Gestaltungsbeispiele

Im Falle der Entwicklung des plattformunabhängigen Betriebssystems Linux stellte die Kommerzialisierung von Software den Hauptkritikpunkt dar und motivierte viele Entwickler, gegen das Monopol von Microsoft Windows tätig zu werden. In einer zweistufigen Hierarchie wird in diesem Projekt dem Anspruch auf Qualität Rechnung getragen: Mitglieder unterwerfen sich einer Kontrolle durch Kollegen (Peers) und den Linux-Gründer Linus Torvalds bzw. die von ihm eingesetzten sog. Leutnante. Sanktionsmittel sind die Verhinderung oder Verzögerung von Reputationsaufbau. Verschiedene Projekte, die spezielle Fragestellungen oder Anforderungen bearbeiten, werden durch Leutnante betreut.[4]

Firefox als Beispiel mit gleichen Eigenschaften stellt das Pendant zum Microsoft Internet Explorer dar und gilt als stabiler und erzielt bessere Leistungsergebnisse als die Windows-Alternative.

5.3.2 Open Source und der Ansatz von Chesbrough

Der im Abschnitt 5.3.1 beschriebene Ansatz zeichnet sich durch Anpassung der Prinzipien die in den Bereichen Open/Free Software und Open Access entwickelt wurden aus. Er stellt eine grundsätzlich konträre Ansicht zu der Einordnung von Open Source durch Chesbrough dar, da dieser explizit ein Geschäftsmodell für seine Einordnung zugrunde legte.

[1] Vgl. Kuhlen, R., a.a.O., S. 19ff.

[2] Vgl. Stathoulia, T.: Sceptical Doubts Concerning Knowledge Capture within the Open Innovation Initiative, in: Oßwald, A.; Stempfhuber, M; Wolff, C. (Hrsg.) : Open Innovation, Konstanz 2007. S. 238.

[3] Vgl. Drossou, O.; Krempl, S.; Poltermann, A., a.a.O., S. 10.

[4] Vgl. Macharzina, K.; Wolf, J., a.a.O., S. 521.

Die Autoren West und Gallagher folgen dem Begriffsverständnis von Chesbrough und versuchen, das Phänomen der Open Source mit dem der Open Innovation zu vereinen. Sie konstatieren, dass Untersuchungen zeigen können, dass das Engagement von Unternehmen auf dem Gebiet der Open Source Software mit Chesbroughs Ansicht vereinbar ist: externe Innovationsquellen werden erschlossen, Open Source stellt eine solche dar.

Für Unternehmen kann die Adaption von Innovation durch Nutzernetzwerke in Hinblick auf Transaktionskosten attraktiver sein als die eigene fokussierte Entwicklung. Die F&E-Kosten verringern sich, wenn man wie im Bereich der Softwareentwicklung auf verteilte Wertschöpfungsorte zurückgreifen kann und die Tätigkeiten nur virtuell stattfinden. Zudem wirkt sich positiv aus, wenn bereits Investitionen in die adäquaten Entwicklungs- und Überwachungsmechanismen getätigt wurden oder Kunden kostenlos Entwicklungen vorantreiben.[1] Unternehmen gehen dazu über, Teilaufgaben der F&E-Aufgaben zu verteilen und unterstützen aus diesem Grund gezielt Spin-Offs. Diese Projekte unterscheiden sich von organisch gewachsenen hinsichtlich Produktion und Regierung, da sie vom Sponsor mit Ressourcen versorgt werden um die angestrebten Ziele zu erreichen. Unternehmen können das Open Source Prinzip aber auch durch die Teilnahme an F&E-Pools verfolgen, in denen jeder der Beteiligten F&E-Kapazitäten bereitstellt und die Ergebnisse den gesamten Mitgliedern zur Verfügung stehen.[2]

Diese Formen der Kommerzialisierung stellen für Autoren mit Tendenz zu den Prinzipien der Open Source den Hauptkritikpunkt dar, für Chesbrough hingegen war das Vorliegen eines Geschäftsmodells die Voraussetzung für die Bezeichnung Open Innovation. Das Auftreten von nicht-kommerziellen Projekten, deren Motivation sich aus einer anderen Dimension zusammensetzt, wird nicht durch Chesbroughs Ansicht abgedeckt und ist gesondert zu betrachten. Nach West und Gallagher ist eine ökonomische Koordination aufgrund der vielfältigen extrinsischen und intrinsischen Beweggründe schwieriger durchzuführen, da die Beteiligten aus monetären, nicht bestimmbaren Gründen an der Entwicklung teilnehmen.[3]

---

[1] Vgl. West, J.; Gallagher, S.: Patterns of Open Innovation in Open Source Software, in: Chesbrough, H.W.; Vanhaverbeke, W.; West, J. (Hrsg.): Researching a New Paradigm, a.a.O., S. 101.

[2] Vgl. ebenda, S. 90 und S. 100.

[3] Vgl. ebenda S. 101ff.

Die Lebensdauer von User Innovation Networks sieht Chesbrough sehr kritisch, da für ihn zum effektiven Schutz des Quellcodes profitgesteuerte Organisationen nötig werden, die mit deren entwickelten Geschäftsmodellen das der Open Source abdecken.[1]

5.3.3 Open Source und der Ansatz von Reichwald/Piller

Der Ansatz von Reichwald und Piller kann als Versuch angesehen werden, die Gedanken von Open Source auf weitere Bereiche zu übertragen. Von Hippel hat bereits erkannt, dass Kunden selbstständig Innovationen generieren können. Diese Ansicht wird durch die Empirie belegt und erhält zunehmende Relevanz in der aktuellen Innovationsforschung. Die Unabhängigkeit der Nutzer wird durch die Entwicklungen der I&K-Technologien begünstigt und spiegelt sich im Aufkommen von virtuellen Gemeinschaften wider, die ohne das Engagement eines Unternehmens existieren können. Besonders durch die Etablierung des Internets stellt die ortsgebundene Interaktion keine Restriktion mehr dar. Die Kommunikation mittels elektronischer Medien in einer heterarchischen Organisation steigert die Effektivität und vereinigt die Vorteile der Zusammenführung von subjektiven Erfahrungen, unterschiedlichem Wissen und heterogenen Kompetenzen.[2] Es zeigt sich, dass Kunden nicht nur über Know-how bezüglich verschiedener Produkte, sondern auch über Prinzipien der Organisation und der Führung verfügen.

Unternehmen können sich die Entwicklungen nach dem Open Source Prinzip zu Nutze machen. Die Vorteilhaftigkeit einer Einbeziehung in den Innovationsprozess der von den Autoren sog. „Communities for Open Innovation“, die den virtuellen Gemeinschaften entsprechen, zeigt sich, da in der Praxis viele Innovationen durch die Zusammenarbeit von verschiedenen Beteiligten entstehen und nicht alleine aufgrund der autonomen Kreativitätsleistung eines einzelnen Teilnehmers.[3] Die Verbindung und das Zusammenwirken von Akteuren in Problemlösungsprozessen können vergleichbar mit den Vorzügen der Netzwerkeigenschaften von virtuellen Unternehmen als effektiv angesehen werden. Diese Form der Organisation minimiert die relevanten Transaktionskosten.

---

[1] Vgl. Chesbrough, H.W.: New Puzzles, a.a.O., S. 19.

[2] Vgl. Reichwald, R.; Piller, F.: Wertschöpfung, a.a.O., S. 177.

[3] Vgl. ebenda, S. 176f.

Das Auftreten von virtuellen Gemeinschaften mit Wertschöpfungsabsichten, „Commons-based Peer Production" genannt, stellt eine Reinform des Open Innovation Ansatzes von Reichwald und Piller dar. Sie vertreten jedoch die Ansicht, dass die Anzahl an Innovationsgemeinschaften überschaubar sei, weswegen die Autoren sich in ihren Ausführungen auf die Integration dieser Art von Kundeninnovationen beschränken.[1] In der Folge können die Open Source Aktivitäten von Kunden eine geeignete Quelle zusätzlichen Wissens bereit stellen. Die Forscher vertreten die Auffassung, dass ein koordinierendes Unternehmen den Dialog mit Kunden initiiert. Spezifische Wertschöpfungsbereiche werden weiterhin durch die Abteilungen eines Unternehmens bearbeitet. In Fällen jedoch, in denen das eigene Unternehmen an seine Grenzen stößt, ist Kooperation in Phasen des Innovations- und Produktionsprozesses angezeigt. Wird die Relevanz von Wissen virtueller Gemeinschaften erkannt, kann durch die Firma eine aktive Integration initiiert werden.

5.4 Kritische Würdigung von Open Source und Open Innovation

Es ist aufgrund der geringen Anzahl empirischer Untersuchungen nicht eindeutig feststellbar, welchen Effekt das Auftreten der Prinzipien der Open Source Innovation auf die eigentumsbasierte Innovationsstrategie haben wird.[2] Beschrieben wurde, dass ein großer Mangel an verbindlichen Begriffsdefinitionen im Softwarebereich besteht. Solange über diese kein Konsens gefunden wird, bietet sich Autoren die Verwendung von modischen Schlagworten an, um Arbeiten einen innovativen Charakter zu verleihen.

Es kann festgestellt werden, dass die I&K-Technologien bisher unbekannte Möglichkeiten der interpersonellen Interaktion und der Anwendung von kundeneigenen Organisationskompetenzen ermöglichen. Die Bündelung dieser Aktivitäten zwecks Wertschöpfung stellt das Organisationsmonopol von Unternehmen in Frage und kann bei informationsintensiven Produkten etablierte Unternehmen bedrohen, wie es z.B. Linux in Bezug auf Microsoft tut.

Open Innovation, das dem hier dargestellten Verständnis folgt, widerspricht der Ansicht Chesbroughs, dass ein Geschäftsmodell für Open Innovation unab-

---

[1] Vgl. Reichwald, R.; Piller, F.: Wertschöpfung, a.a.O., S. 62.

[2] Vgl. West, J.; Gallagher, S., a.a.O, S. 102.

dingbar ist ebenso wie der Ansicht Reichwalds und Pillers, die den User Innovation Networks aufgrund ihrer engen Anwendbarkeit nur geringe Bedeutung beimessen. Diese autonomen, weitgehend selbstorganisierenden Systeme, die keine hierarchische, zum Teil sogar keine dauerhafte Struktur aufweisen, konstituieren sich durch Vertrauensbeziehungen und werden dadurch auch zusammengehalten.[1] Das Verständnis von Wissen kennzeichnet den Gegensatz zum Wirtschaften mit knappen Gütern, da es als ein öffentliches Gut angesehen wird. Anhand des Beispiels Wikipedia wird sichtbar, dass primär nicht-kommerzielle Betätigung den Ausschlag für aktive Partizipation gibt. Es wird aber deutlich, dass diese Organisation, wenngleich sie ohne Gewinnerzielungsabsicht handelt, finanzielle Unterstützung benötigt. Obwohl dieses neuartige und anarchische Organisationsprinzip mit Open Innovation bezeichnet wird, kann mit dem gewählten Begriff die Besonderheit rein nutzerbasierter Innovation nicht vollständig hervorgehoben werden. Durch die aktive Kommunikation des Begriffs Open Innovation in Kreisen der Softwareentwickler, die ein praktisches Beispiel für die beschriebene rasche Verbreitung von Wissen liefert, kann es jedoch zu einer schnellen Diffusion im Internet und folglich in der Literatur kommen. Durch die ideologische Prägung ist die Motivation zur Weitergabe erheblich und über die sich anschließende Akzeptanz kann nur spekuliert werden.

Das Verhalten von einer Vielzahl von Teilnehmern in nicht-hierarchischen Gruppen löst meist Probleme aus, die zum Scheitern des Gruppenvorhabens führen oder Kontrollprozesse erforderlich machen. Das gilt besonders dann, wenn sich in virtuellen Gruppen eine sich selbst verstärkende Stimmung für oder gegen bestimmte Eigenschaften des Ergebnisses entwickelt.[2] Es bleibt zu beobachten, wie sich die Nutzerkooperationen entwickeln. Der in diesem Zusammenhang verwendete Begriff Open Innovation stellt eine konträre Sinngebung zu Reichwald, Piller und Chesbrough dar und ruft wie beschrieben wurde erhebliche Dissonanzen hervor. Eine fokussierte Betrachtung dieses Umfelds ist für diese Arbeit über Open Innovation deswegen unumgänglich, weil durch die forcierte praktische Begriffsverwendung u.U. eine Verdrängung der originären Bezeichnung stattfinden wird.

[1] Vgl. Zaugg, R.J., a.a.O., S. 10.

[2] Vgl. Brockhoff, K.: Einbeziehung, a.a.O., S. 4f.

6 Zusammenfassung

Die klassische Sichtweise, dass ein Unternehmen ein reales, geschlossenes Konstrukt darstellt, das von der Umwelt durch klar definierbare Grenzen gekennzeichnet werden kann, verliert zunehmend an Bedeutung. Die beschleunigten Veränderungen der Markt- und Wettbewerbsbedingungen, die durch die ungebremst wirkende Globalisierung und die progressive Weiterentwicklung der I&K-Technologie hervorgerufen werden, lässt Unternehmensgrenzen aufweichen und hybride Organisationsformen entstehen, wodurch sich die Schnittstellen zwischen Unternehmen und Märkten verschieben. Es setzt sich zunehmend die Erkenntnis durch, dass sich relevantes Wissen auch außerhalb einer Unternehmung befindet. Durch die Vernetzung wird eine bessere Steuerung von Wertschöpfungsketten begünstigt. Die Technologieprofile von F&E-intensiven Unternehmen diversifizieren sich und globale Investments in spezialisiertes Wissen werden getätigt. Flexible Unternehmensnetzwerke, die sich in dynamischen Märkten bewegen, entstehen, um den sich verkürzenden Innovations- und Produktlebenszyklen und dem damit verbundenen Kosten- und Leistungsdruck Paroli zu bieten. Innovationen sind in der Folge nicht mehr nur Ergebnis der Bemühungen eines Endherstellers, sondern werden durch das gezielte Einbringen von Innovationskraft und Know-how Dritter bestimmt. Die begrenzten personellen und finanziellen Ressourcen sowie die begrenzenden Informationsverarbeitungskapazitäten zwingen Unternehmen zu Kooperationen mit Partnern, die komplementäre Wissensbasen und Kompetenzen besitzen. Netzwerkbeziehungen zwischen Unternehmen, Universitäten, Start-Up Unternehmen, Zulieferern und Wettbewerbern bilden die Grundlage für innovationsrelevantes Wissen, das in einem offenen Innovationssystem die Kommerzialisierung von Ideen ermöglicht.

Die mit der flexiblen Arbeitsteilung verbundene Komplexität erfordert den Ausbau von kontinuierlichen Interaktionsaktivitäten, die durch informations- und kommunikationstechnische Werkzeuge ermöglicht werden. Wettbewerbsvorteile entstehen durch die Realisierung von hoher wissensorientierter Diversifikation bei niedriger interner Komplexität. Durch die komplexe netzwerkartige Verknüpfung schaffen verbundene Unternehmen Markteintrittsbarrieren, die von Imitatoren kaum überwunden werden können. Nachahmern reicht lediglich das Wissen über Produkte nicht mehr aus, um erfolgreich konkurrieren zu können.

Dynamisch müssen neue Möglichkeiten verfolgt werden, um von radikalen wissenschaftlichen oder technologischen Innovationen zu profitieren. Firmen müssen die Fähigkeit entwickeln, von externen Kompetenzen zu profitieren und sie in den eigenen Geschäftsprozess einzubinden. Der Entschluss, ob eine Strategie der Dezentralisation oder Internalisierung verfolgt werden soll, ist abhängig davon, in welchem Branchenumfeld sich das Unternehmen bewegt. Eine für fortlaufende Veränderungen sensibilisierte Sichtweise sollte entstehen, die nicht vor radikalen Umstrukturierungen zurückschreckt.

Die vorgestellten Ansätze von Chesbrough und Reichwald/Piller, die die Innovationstätigkeiten zum einen generell mit externen Wissensquellen, zum anderen durch die spezifische Einbeziehung des Kunden mit dem modischen Schlagwort Open Innovation belegen, bewegen sich in diesem Gesamtkontext. Chesbroughs Verständnis, das anschaulich und nachvollziehbar erscheint, entstammt den in der Organisationslehre bekannten hybriden Koordinationsformen und basiert auf qualitativen Studien in der High-Tech-Industrie Nordamerikas. Deren Übertragbarkeit auf weitere Branchen in anderen Ländern zeichnet sich jedoch ab und wird in weiteren Arbeiten zu belegen sein. Reichwald und Piller ist die Nomenklatur Chesbroughs bekannt, sie verzichten jedoch unverständlicherweise auf einen neuartigen Begriff und belegen stattdessen die fokussierte Einbeziehung der externen Wissensquelle Kunde mit dem Begriff Open Innovation. Sie kommen in ihren Ausführungen zu interessanten Ergebnissen, auch das Modell einer interaktiven Wertschöpfung, welche in Innovations- und Produktionstätigkeiten unterscheidet, erscheint plausibel. Unglücklicherweise stiften die divergierenden Begriffsbedeutungen Konfusion, die leicht hätte umgangen werden können. Dabei bleibt die Frage offen, ob und inwieweit die Konzepte der Open Innovation theoretisch und praktisch dazu geeignet sind, Innovation effektiv wie auch effizient generieren zu können und die traditionelle „In-house" F&E mit ihren Vorteilen der Rechtssicherheit und Schützbarkeit abzulösen.

Die Autorenschaft, die Open Innovation im Kontext von Open Source gebraucht, scheint keinerlei Anstrengungen unternommen zu haben, nach divergierenden Aussagen in der Literatur zu suchen. Open Innovation ist hierin durch die eigenständige Zusammenarbeit von Nutzern ohne Einbeziehung eines Unternehmens gekennzeichnet und wird zu einem Entwurf für eine gesellschaftliche, anarchische Grundposition, in der kommerziellen Absichten kategorisch widerstanden wird und der Begriff ideologische Bedeutung erhält. Auch hier scheint das modische Schlagwort die Aussage nicht vollständig treffen zu können. Durch die rasante Verbreitung innerhalb von ´Communities´ begünstigt, bleibt hingegen zu beobachten, ob sich dieses Verständnis eines offenen Innovationsprozessen vielleicht doch gegen die vorgenannten durchsetzen kann.

Vor dem Hintergrund der Transaktionskostentheorie wird die interne unternehmensinitiierte Organisation von Innovationsprozessen weiterhin in vielen Bereichen vorherrschend bleiben, wobei die Möglichkeit der Externalisierung von Teilaufgaben im Innovationsprozess jedoch eine Alternative darstellt. In der Folge können mittels Synergieeffekten, verbunden mit der Reduktion von Unsicherheit, Wettbewerbsvorteile realisiert werden können. Die unbegrenzte Dezentralisierung der F&E-Tätigkeiten wird hingegen nicht stattfinden, da eine kritische Größe der vom Unternehmen steuerbaren externen Innovationsprojekte existiert. Die Unternehmen werden auch in Zukunft Kernkompetenzen halten müssen, die einzigartig und schwer nachzuahmen sind.

Insgesamt scheint die Abschottung von Unternehmen hinsichtlich seiner F&E-Aktivitäten in vielen Branchen überholt zu sein. Es öffnen sich neue Forschungsgebiete, die sich mit der Entlohnung langfristiger Grundlagenforschung und den Grenzen der Geschäftsmodelle beschäftigen. Maßzahlen zur Erfassung, Bewertung, Planung, Steuerung und Kontrolle der Wirtschaftlichkeit von Open Innovation existieren erst in Ansätzen, werden zwecks nachhaltigen Managements aber weiter zu entwickeln sein. Klärungsbedarf stellt auch die Verbindung zwischen Innovation und dem Management von Intellectual Property dar, mit der die Frage nach dem zukünftigen Umgang mit Wissen eng verbunden ist: Stellt Wissen ein öffentliches Gut dar, bleibt es in Teilen privat oder wird es gezielt in einer kollektiven Wissensbasis geteilt, die sich durch Ubiquität auszeichnet?

Die vorliegende Ausarbeitung basiert auf den Recherchen aus aktuellen Literaturquellen; aufgrund der insbesondere I&K-Technologie inhärenten Dynamik werden viele Aspekte des Themas jedoch in Bewegung bleiben und eine Verfolgung der Entwicklungen interessant gestalten.

Anhang

Prinzipal-Agent-Theorie

Im Gegensatz zur Transaktionskostentheorie sind in diesem Ansatz die Transaktionskosten nicht entscheidungsrelevant.[1] Gegenstand der Theorie ist die Gestaltung der arbeitsteiligen Beziehung von Auftraggeber und Auftragnehmer, hier als Prinzipal und Agent bezeichnet.[2] Dieses Verhältnis ist durch die asymmetrische Verteilung der Informationen gekennzeichnet. Die zur Realisierung der Interessen des Prinzipals bestimmten Aufgaben und Kompetenzen werden mittels Vertrag an einen Agenten übertragen. Die Entscheidungen des Agenten beeinflussen aufgrund der wechselseitigen Beziehung unmittelbar das Nutzenniveau des Prinzipals, der über das Verhalten des Agenten und über das Eintreten bestimmter Umweltzustände nur unzureichend informiert ist.[3] Es ist unmöglich, alle Eventualitäten, wie z.B. opportunistisches Verhalten, die zu Lasten des Prinzipals eintreten können, mittels Vertrag auszuschließen, ohne dabei die Kosten der Vertragsgestaltung auf ein ineffizientes Niveau steigern zu müssen. Als Maßnahmen in der Agency-Theorie werden zwei Komponenten unterschieden: Überwachung und Kontrolle des Prinzipals sowie Signalisierung und Garantie des Agenten. Durch solche Aktivitäten, die der Reduzierung von Unsicherheit dienen, entstehen Kosten. Darüber hinaus entstehen Agency-Kosten durch den Residualverlust, der den verbleibenden Wohlfahrtsverlust beschreibt.[4] Aufgrund der Unvollständigkeit des Informationsstandes werden Transaktionen nicht oder nur teilweise durchgeführt, die an sich die Wohlfahrt positiv beeinflussen würden.[5] Zieht man die aufgeführten Kosten als Effizienzkriterium heran, so entscheidet das Arrangement, das die geringsten Agency-Kosten bei der Abwicklung einer Leistungsbeziehung verursacht, über die Wahl der institutionellen Ausgestaltung. Die Klassifikation in Ursachen von Informationsasymmetrien extrahiert drei Problemtypen.

[1] Vgl. Kleine, A.: Entscheidungs-theoretische Aspekte der Principal-Agent-Theorie, Heidelberg 1995, S. 24.

[2] Vgl. Dillerup, R.; Stoi, R., a.a.O., S. 17.

[3] Vgl. Picot, A.; Reichwald, R.; Wigand, R.T, a.a.O., S. 55.

[4] Vgl. Dillerup, R.; Stoi, R., a.a.O., S. 17f.

[5] Vgl. Picot, A.; Reichwald, R.; Wigand, R.T., a.a.O., S. 56.

	Hidden characteristics	**Hidden action**	**Hidden intention**
Informations-problem des Prinzipals	Leistungsqualität des Vertragspartners unbekannt	Anstrengungen des Vertragspartners nicht beobachtbar bzw. beurteilbar	Absichten des Vertragspartners unbekannt
Problemursache	Verborgene Eigenschaften	Überwachungs-möglichkeiten und -kosten	Ressourcen-abhängigkeit
Zeitpunkt des Auftretens	Vor Vertragsabschluss	Nach Vertragsabschluss	Nach Vertragsabschluss
Lösungsansätze	Signaling Screening Self Selection	Überwachung Anreizsysteme	Interessen-angleichung

Tab. 2: Informationsasymmetrien[1]

„Hidden characteristics“ bezeichnet verborgene Eigenschaften des Agenten, über die der Prinzipal vor Vertragsschluss nur eingeschränkt urteilen kann; „Hidden action“ nach Vertragsabschluss bedeutet, dass dem Prinzipal die Ergebnisse der Handlungen des Agenten bekannt sind, nicht aber die Handlungen an sich; „Hidden intention“ bezeichnet die Abhängigkeit des Prinzipals vom Agenten aufgrund getätigter Investitionen in die Beziehung. Die Absichten des Vertragspartners sind unbekannt und bergen die Gefahr von opportunistischer Ausbeutung.[2] Die Problemtypen seien hier nur ansatzweise erklärt, für weitere Ausführungen sei auf die einschlägige Literatur verwiesen.

Strukturierung externer Informationsquellen für Neuprodukte nach Herstatt/ Lüthje[3]

Ideen für Neuprodukte können durch Nutzung unterschiedlicher Informationsquellen geschaffen werden. Die Gewinnung vollzieht sich in Form eines Prozesses,

[1] Quelle: Picot, A.; Dietl, H.; Franck, E.: Organisation – eine ökonomische Perspektive, 2005, S. 77, Abb. 19 und Dillerup, R.; Stoi, R.: Unternehmensführung, 2006, S. 19, Abb. 1.2.4.

[2] Vgl. Dillerup, R.; Stoi, R., a.a.O., S. 18f.

[3] Vgl. Herstatt, C.; Lüthje, C., a.a.O., S. 265-284

bei dem in Informationsbeschaffung und Ideengenerierung unterschieden werden kann. Die Beschaffung erfolgt anlassbezogen oder kontinuierlich.

Mittelbezogene Informationen existieren in Form von technologischen Entwicklungen, zweckbezogene Informationen in Form von neuen Anwendungsmöglichkeiten und Bedienung neuer Zielgruppen.

	Enger Suchbereich	Weiter Suchbereich
Zweckbezogene Informationsquellen	Kunden Händler	Umfeldentwicklungen (z.B. gesellschaftlich, ökonomisch, rechtlich)
Mittelbezogene Informationsquellen	Eigene Mitarbeiter (insb. F&E) Wettbewerber Lieferanten	Dokumente über technische Entwicklungen Knowledge Broker

Tab. 3: Kategorisierung der Informationsquellen nach Herstatt/Lüthje[1]

Zweckbezogene Informationsquellen:

Kunden:

Es besteht kein Zweifel über die Notwendigkeit zur Beschaffung von Kundeninformationen. Vor allem quantitative Marktforschung, wie z.B. die Produktpositionierungsmodelle und die Conjoint-Analyse, ist für die Suche nach konkreten Anregungen für die Neuproduktideen nicht einsetzbar. Besser sind qualitative Formen in Gestalt von Communities und Lead-Usern.

Handel:

Ihm kommt erhöhte Bedeutung als Quelle für Kundeninformationen zu, ebenso Gatekeepern. Kunden haben eine engere Beziehung zum Handel als zum Hersteller, somit wird dieser mit Neuproduktideen adressiert. Handel selbst gilt ebenfalls als Quelle von Neuproduktideen, da bei ihm ähnlich wie bei Lead Usern Produkt- und Marktkenntnisse vorhanden sind und Erfahrungswissen geschaffen wird.

Umfeldentwicklungen:

Etablierte Produkte werden obsolet durch gesellschaftliche, ökonomische oder rechtliche Veränderungen. Dadurch ergibt sich die Chance für neue Produkte.

[1] Quelle: Herstatt, C.; Lüthje, C., a.a.O., S. 269, Abb. 2-2.

Mittelbezogene Informationsquellen:

Eigene Mitarbeiter:

Mitarbeiter der Forschung, Entwicklung und Konstruktion sind qua Funktion (s. Closed Innovation) von Interesse. Es ist notwendig, innovative Initiativen durch die Unternehmensleitung aktiv zu unterstützen und Mitarbeiter am Innovationserfolg zu beteiligen. Die Suche kann durch ein systematisches Ideenmanagement auf der Basis des Intranets erfolgen.

Wettbewerber:

In der frühen Phase der Produktentwicklungsprozesse tritt auch eine Wettbewerbsorientierung ein. Innovationsbedarf kann aufgezeigt werden durch Wettbewerbsanalysen, in denen die Innovationsaktivitäten der Konkurrenten dargestellt werden. Reverse Engineering lässt Rückschlüsse auf die Spezifikationen der Konkurrenzprodukte zu.

Lieferanten:

Diese können eigenständig Innovationen initiieren und umsetzen. Die Einbindung von Lieferanten in die frühe Phase der Produktentwicklung kann zur Erhöhung der Innovationsleistung und damit verbunden zu ökonomischem Erfolg für die Partner führen.

Dokumente über technische Entwicklungen:

Veröffentlichungen wissenschaftlicher Literatur geben Hinweise auf neue Ergebnisse der aktuellen Grundlagen- und Anwendungsforschung.

Patentschriften: Veröffentlichungen über Patenterteilungen bieten die Möglichkeit, einen Überblick über innovationsaktive Unternehmen zu erhalten. Zudem bieten sie Anregungen zur Generierung von Neuproduktideen. Durch günstige Informationsübermittlung ist der Zugriff zudem erheblich erleichtert worden. Auch in anderen Technologiebereichen kann nach veröffentlichten Lösungsprinzipien gesucht werden, dies ist bei analogen Problemen besonders zielführend.

Knowledge Broker: Produktdesign- oder Beratungsunternehmen, die branchenübergreifend Entwicklungsprojekte durchführen. Vorteil stellt die Kombination von interdisziplinärem Wissen, Wissen aus unterschiedlichen Bereichen, dar. Herauslösung von Lösungen aus dem angewendeten Kontext und Übertragung auf neuartiges Problem.

Sieben Strukturelementen nach Kieser und Walgenbach, die die Flexibilität und Innovationsfähigkeit von Organisationen positiv beeinflussen:[1]

1. geringe Spezialisierung auf Stellen- und Abteilungsebene
2. starke Dezentralisierung
3. flache Hierarchien
4. Minimierung der Stärke zentraler unterstützender Abteilungen (Stäbe)
5. einfache Koordination, d.h. keine umfassenden Matrixstrukturen
6. leichte Ergänzbarkeit um temporäre Teams für größere innovative Vorhaben
7. verstärkter Einsatz von Selbstabstimmung und Organisationskultur zur Koordination innovativer Aktivitäten.

Feedbackstrukturen

Die Ergebnisse von Studien in der universitären Ausbildung zur Ausgestaltung von Feedback als Instrument zur Unterstützung kooperativer Lernprozesse lassen sich zum Teil auf das Konzept der Open Innovation übertragen. In den Studien wird deutlich, dass Feedback „nicht nur positive kognitive und motivationale Effekte auf Teilnehmer und Gruppenebene anvisiert, sondern auch über eine Erhöhung der wechselseitigen Wahrnehmung des Handelns der Anderen dahin zielt, technologieinduzierte Defizite der computervermittelten Kommunikation in Foren zu kompensieren."[2] Die Übertragung der universitären Ergebnisse auf den universellen Kreis der Nutzer ergibt, dass es Aufgabe der Unternehmen ist, Feedbackstrukturen zu schaffen, die Teilnehmern im Innovationsprozess ergebnisgerechtes Feedback gewähren. Qualitatives Feedback an den Einzelnen kann motivationssteigernd und lernerfolgserhöhend wirken, im virtuellen Raum öffentlich gemachtes Feedback zu Anderen birgt hingegen die Gefahr, Akzeptanzprobleme hervorzurufen. Es erscheint daher nützlicher zu sein, dem Teilnehmer die Möglichkeit zu geben und die Entscheidung zu überlassen, Feedback zu Anderen einzusehen.[3] Wird die Teilnahme an Lösungsfindungsprozessen rein quantitativ gemessen, werden Teilnehmer dazu verführt, ihr Verhalten anzupassen und zwecks Frequenzerhöhung weniger

---

[1] Vgl. Kieser, A.; Walgenbach, P., a.a.O., S. 438ff.

[2] Griesbaum, J.; Semar, W.; Jiang, T.; Kuhlen, R.: Feedback zur Beförderung netzbasierter Wissenskommunikation in K3, in: Oßwald, A.; Stempfhuber, M; Wolff, C. (Hrsg.), a.a.O., S. 256.

[3] Vgl. ebenda, S. 266f.

auf die Güte der Beiträge zu achten.[1] Eine geeignete Kennzahl als Feedbackgrundlage bezieht aus dem genannten Grund neben einer quantitativen Komponente auch eine qualitative mit ein.

Toolkits for Open Innovation:
Lead-User sind für nach der Auffassung der Autoren Reichwald und Piller autonom, für das Unternehmen werden sie durch Toolkits erreichbar. Diese Toolkits sind strukturierte, nutzerfreundliche Designinstrumente, die es dem Nutzer ermöglichen, neue Produktinnovationen selbständig zu entwickeln.[2] Die Freiheit in der Innovationsgenerierung wird verstärkt durch das iterative „trial and error“, bei dem das Misslingen keine negativen Konsequenzen mit sich bringt. „Learning by doing“ aktiviert den Kunden und ermöglicht bessere Ergebnisse in einem kürzeren Entwicklungszeitraum.[3] Der Kunde wird durch den Hersteller mit der Möglichkeit ausgestattet, Bedürfnisse zu artikulieren. Zusätzlich erhält dieser Instrumente, um die Produktentwicklung eigenständig zu verfolgen ebenso wie Mitarbeiter in Unternehmen mit spezifischen Instrumenten arbeiten, um die Problemlösung zu bewerkstelligen.

Intention für die Nutzung dieser Instrumente ist es, Kunden kreativ Produktentwicklung betreiben zu lassen, um dann diese Produktvariationen auf einem Massenmarkt anzubieten. Zum einen wird dadurch Entwicklungs- und Innovationsaktivität an den Kunden weitergegeben, zum anderen wird der Zugang zu implizitem Wissen ermöglicht. In einem interaktiven, gerichteten Problemlösungsprozess kann die Wissensquelle Kunde mit einbezogen werden und dadurch die Leistungsfähigkeit den Innovationsprozess eines Unternehmens nachhaltig verbessern.[4]

Die Kosten des Wissenstransfers vom Kunden zum Hersteller werden dadurch verringert, in dem der gesamte Innovationsfindungsprozess in Teilprozesse untergliedert wird und dann seitens Hersteller oder Kunde bearbeitet wird.[5] Je höher der implizite Wissensanteil eines Bedürfnisses ist, desto höher ist für den Her-

---

[1] Vgl. Griesbaum, J.; Semar, W.; Jiang, T.; Kuhlen, R., a.a.O., S. 267.

[2] Vgl. von Hippel, E.; Katz, R.: Shifting Innovation to Users via Toolkits, in: Management Science 48 (2002) 7, S. 821.

[3] Vgl. ebenda, S. 824.

[4] Vgl. Piller, F.T.: User Innovation, a.a.O., S. 93f.

[5] Vgl. von Hippel, E.; Katz, R.: Shifting, a.a.O., S. 822.

steller der Anreiz, Investitionen in Infrastruktur zur Wissenssammlung zu tätigen und Instrumente zur Lösungsgenerierung an den Kunden weiterzugeben. Durch die Einführung von Toolkits werden fünf Aspekte ermöglicht. Der Kunde wird dazu ermutigt, gesamte trial-and-error Lernprozesse zu durchlaufen. Außerdem wird dem Kunden ein Lösungsraum vorgegeben, in dem sich die Entwicklung ansiedelt. Benutzerfreundliche Toolkits lassen sich ohne vorherige Einweisung leicht bedienen. Es existiert eine Vielzahl von Modulen, um durch gezielte Auswahl des Kunden eine starke Individualität zu gewährleisten. Zielorientierte Toolkits ermöglichen die Schaffung einer Lösung, die keine nachträgliche Bearbeitung durch das Unternehmen erfordert, somit direkte Marktreife besitzt.[1]

Die Toolkit-Methode deckt sich zum Teil mit dem Lead-User Ansatz, da meist Lead-User motiviert werden Toolkits anzuwenden, um dem unbefriedigten Bedürfnis zu begegnen. Die verbreitete Anwendung von Toolkits wird die schon heute beobachtbare Organisation von innovationsrelevanten Elementen weiter entwickeln und es den Nutzern zunehmend ermöglichen, bedürfnisdeckend das Produkt und die Dienstleistung zu erhalten, die sie wünschen- indem sie sie selbstständig für sich gestalten.[2]

Ideenwettbewerbe

Der Ideenwettbewerb stellt eine Integration von Kunden in die Inventionsphase, die Phase der Ideengenerierung und Ideenbewertung, dar.[3] Ein Ideenwettbewerb stellt „eine Aufforderung eines privaten oder öffentlichen Veranstalters an die Allgemeinheit oder eine spezielle Zielgruppe dar, Beiträge mit einem Themenbezug innerhalb eines bestimmten Zeitraums einzureichen."[4] Das Ziel besteht darin, die kreativsten Lösungen durch eigenständiges Handeln für eine Problemstellung zu erhalten. Der Wettbewerbscharakter soll Kreativität und Qualität der eingebrachten Teilnehmerbeiträge positiv beeinflussen und einen Anreiz zur Partizipation geben.[5] Aufgrund der Spezifität der Thematik von Ausschreibungen, die besondere Eigenschaften oder Kompetenzen erfordern, ist die Zielgruppe der in Frage kommenden

[1] Vgl. von Hippel, E.; Katz, R.: Shifting, a.a.O., S. 825.

[2] Vgl. ebenda S. 830ff.

[3] Vgl. Walcher, D., a.a.O., S. 38.

[4] Ebenda S.39.

[5] Vgl. Reichwald, R.; Piller, F.: Wertschöpfung, S. 173.

Teilnehmer eingeschränkt. Eine Bewertung der Einsendungen erfolgt anhand von verschiedenen Beurteilungsdimensionen. Diese sind um der Vielschichtigkeit des Konstrukts Kreativität gerecht zu werden nicht eindimensional, sondern beinhalten Kriterien wie z.B. Neuigkeitsgrad, Umsetzung und Angemessenheit.[1] Da eine rein objektive Beurteilung von kreativen Lösungen zwar wünschenswert, aber aufgrund der diffizilen Operationalisierbarkeit von Kreativität nicht durchführbar ist, erfolgt die subjektive Beurteilung der Beiträge durch Experten, auf deren Einschätzungen aufbauend eine leistungsorientierte Prämierung in Form von Sach- und Geldleistungen ausgelobt wird.[2]

[1] Vgl. Reichwald, R.; Piller, F.: Wertschöpfung, S. 175.

[2] Vgl. Walcher, D., a.a.O., S. 48ff.

Literaturverzeichnis

1. Monographien und selbstständige Schriften

Al-Laham, A.: Organisationales Wissensmanagement. Eine strategische Perspektive, München 2003.

Amelingmeyer, J.: Wissensmanagement. Analyse und Gestaltung der Wissensbasis von Unternehmen, 2., aktualisierte Auflage, Wiesbaden 2002.

Auer-Rizzi, W.; Blazejewski, S.; Dorow, W.; Reber, G.: Unternehmenskulturen in globaler Interaktion. Analyse, Erfahrungen, Lösungsansätze, Wiesbaden 2007.

Bellmann, K.: Grundlagen der Produktionswirtschaft, 2., überarbeitete Auflage, Edingen 2001.

Bellmann, K.; Himpel, F.: Fallstudien zum Produktionsmanagement, Wiesbaden 2006.

Bellmann, K.; Hippe, A.: Management von Unternehmensnetzwerken. Interorganisationale Konzepte und praktische Umsetzung, Wiesbaden 1996.

Biegel, U.R.: Kooperation zwischen Anwender und Hersteller im Forschungs- und Entwicklungsbereich, Frankfurt am Main 1987.

Bierfelder, W.H.: Innovationsmanagement. Prozessorientierte Einführung, München/Wien 1994.

Bodendorf, F.: Daten- und Wissensmanagement, Berlin/Heidelberg 2003.

Bozjeloye, A.: Customer Knowledge Management. Integration von Kundenwissen in Strategiebildung und Innovationsprozess anhand einer business community, Saarbrücken 2007.

Braun, V.R.G.: Barriers to User-Innovation & the Paradigm of Licensing to Innovate, Hamburg, Univ., Diss., 2007.

Brockhoff, K.: Forschung und Entwicklung, 5., ergänzte und erweiterte Auflage, München/Wien 1999.

Chesbrough, H.W.: Open Innovation: The New Imperative for Creating and Profiting from Technology, Boston, Massachusetts, 2006.

Corsten, H.; Gössinger, R.; Schneider, H.: Grundlagen des Innovationsmanagements, München 2006.

Dillerup, R.; Stoi, R.: Unternehmensführung, München 2006.

Domrös, C.: Innovationen und Institutionen. Eine transaktionskostenökonomische Analyse unter besonderer Berücksichtigung strategischer Allianzen, Berlin 1993.

Drucker, P.; Nakauchi, I.: Die globale Herausforderung, Düsseldorf 1996.

Fink, D.H.: Virtuelle Unternehmensstrukturen. Strategische Wettbewerbsvorteile durch Telearbeit und Telekooperation, zugl.: Kassel, Univ., Diss., 1997, Wiesbaden 1998.

Freiling, J.: Resource-based View und ökonomische Theorie. Grundlagen und Positionierung des Ressourcenansatzes, Wiesbaden 2001.

Frost, I.: Zivilgesellschaftliches Engagement in virtuellen Gemeinschaften: Eine systemwissenschaftliche Analyse des deutschsprachigen Wikipedia-Projektes, München 2006.

Ganske, T.: Mitbestimmung, Property-Rights-Ansatz und Transaktionskostentheorie, Frankfurt am Main 1996.

Gassmann, O.: Internationales F&E-Management. Potentiale und Gestaltungskonzepte transnationaler F-&-E-Projekte, München 1997.

Gassmann, O.; Bader, M.A.: Patentmanagement. Innovationen erfolgreich nutzen und schützen, Berlin Heidelberg 2006.

Gehle, M.: Internationales Wissensmanagement. Zur Steigerung der Flexibilität und Schlagkraft wissensintensiver Unternehmen, zugl.: Aachen, Univ., Diss. 2005, Wiesbaden 2006.

Gerstlberger, W.: Regionale Innovationssysteme aus betriebswirtschaftlicher Perspektive. Gestaltungskonzepte zur Förderung einer nachhaltigen Unternehmensentwicklung, zugl.: Kassel, Univ., Habil.-Schr., 2004, Wiesbaden 2004.

Gerum, Elmar: Innovation in der Betriebswirtschaftslehre. Tagung der Kommission Wissenschaftstheorie, Wiesbaden 1998.

Hauschildt, J.; Salomo, S.: Innovationsmanagement, 4., überarbeitete, ergänzte und aktualisierte Auflage, München 2007.

Heydebreck, P.: Technologische Verflechtung. Ein Instrument zum Erreichen von Produkt- und Prozessinnovationserfolg, Frankfurt am Main 1996.

Hildebrand, V.G.: Individualisierung als strategische Option der Marktbearbeitung - Determinanten und Erfolgswirkungen kundenindividueller Marketingkonzepte, Wiesbaden 1997.

Himpel, F.: Marktorientiertes Produkt- und Produktionsmanagement. Zur Gestaltung der Interaktion zwischen Marketing und Produktion, zugl.: Mainz, Univ., Diss. 2003, Wiesbaden 2004.

Horsch, J.: Innovations- und Projektmanagement. Von der strategischen Konzeption bis zur operativen Umsetzung, Wiesbaden 2003.

Hübner, H.: Integratives Innovationsmanagement. Nachhaltigkeit als Herausforderung für ganzheitliche Erneuerungsprozesse, Berlin 2002.

Kieser, A.; Walgenbach, P.: Organisation, 5., überarbeitete Auflage, Stuttgart 2007.

Kleine, A.: Entscheidungs-theoretische Aspekte der Principal-Agent-Theorie, zugl.: Saarbrücken, Univ., Diss. 1995, Heidelberg 1995.

Klodt, H.: The Essence of the New Economy, Kiel 2001.

Lüthje, C.: Kundenorientierung im Innovationsprozess. Eine Untersuchung der Kunden-Hersteller-Interaktion in Konsumgütermärkten, zugl.: München, Univ., Diss., 1999, Wiesbaden 2000.

Macharzina, K.; Wolf, J.: Unternehmensführung, 5., grundlegend überarbeitete Auflage, Wiesbaden 2005.

Martiensen, J.: Institutionenökonomik. Die Analyse der Bedeutung von Regeln und Organisationen für die Effizienz ökonomischer Tauschbeziehungen, München 2000.

Maselli, A.: Spin-offs zur Durchführung von Innovationen. Eine Analyse aus institutionen-ökonomischer Sicht, zugl.: Münster (Westfalen), Univ., Diss., 1996, Wiesbaden 1997.

Meffert, H.: Marketing. Grundlagen marktorientierter Unternehmensführung; Konzepte - Instrumente – Praxisbeispiele, 9., überarbeitete und erweiterte Auflage, Wiesbaden 2000.

Mehrwald, H.: Das ´Not Invented Here´-Syndrom in Forschung und Entwicklung, Wiesbaden 1999.

Meinhardt, Y.: Veränderung von Geschäftsmodellen in dynamischen Industrien. Fallstudien aus der Biotech-, Pharmaindustrie und bei Business-to-consumer-Portalen, zugl.: Bamberg, Univ., Diss., 2002, Wiesbaden 2002.

Möller, S.: Open-Source-Software. Eine multiperspektivische Analyse der Implementierung von Open-source-Software in Unternehmen, zugl.: Erlangen, Nürnberg, Univ., Diss., 2006, Göttingen 2006.

Mundhenke, J.: Wettbewerbswirkungen von Open-Source-Software und offenen Standards auf Softwaremärkten, Berlin/Heidelberg 2007.

Müller-Stewens, G.; Lechner, C.: Strategisches Management. Wie strategische Initiativen zum Wandel führen; der St. Galler General-Management-Navigator, 2., überarbeitete und erweiterte Auflage, Stuttgart 2003.

Nieschlag, R.; Dichtl, E., Hörschgen, H.: Marketing, 19. überarbeitete und ergänzte Auflage, Berlin 2002.

Nonaka, I.; Takeuchi, H.: Die Organisation des Wissens. Wie japanische Unternehmen eine brachliegende Ressource nutzbar machen, Frankfurt/Main 1997.

Peine, A.: Innovation und Paradigma. Epistemische Stile in Innovationsprozesse, zugl.: Berlin, Techn. Univ., Diss., 2005, Bielefeld 2006.

Perschke, M.: Investitionsbewertung von Prozessinnovationen. Analyse von Bewertungsdefiziten und Ansätze zur Defizitminderung, zugl.: Mainz, Univ., Diss., 2005, Frankfurt 2006.

Peterson, M.: Wissensmanagement in der strategischen Unternehmensberatung. Erfolgsfaktoren, Methoden und Konzepte, zugl.: Oldenburg, Univ., Diss., 2001, Wiesbaden 2001.

Pfaffmann, E.: Kompetenzbasiertes Management in der Produktentwicklung. Make-or-buy-Entscheidungen und Integration von Zulieferern, zugl.: Hohenheim, Univ., Diss., 1999, Wiesbaden 2001.

Pfähler, W.; Wiese, H.: Unternehmensstrategien im Wettbewerb. Eine spieltheoretische Analyse, 2. vollständig überarbeitete Auflage, Heidelberg 2006.

Picot, A.; Dietl, H.: Franck, E.: Organisation – eine ökonomische Perspektive, 4., überarbeitete und erweiterte Auflage, Stuttgart 2005.

Picot, A.; Reichwald, R.; Wigand, R.T: Die grenzenlose Unternehmung. Information, Organisation und Management; Lehrbuch zur Unternehmen-führung im Informationszeitalter, 5., aktualisierte Auflage, Wiesbaden 2003.

Piller, F.T.: Mass Customization: Ein wettbewerbsstrategisches Konzept im Informationszeitalter, 4., überarbeitete und erweiterte Auflage, Wiesbaden 2006.

Pleschak, F.; Sabisch, H.: Innovationsmanagement, Stuttgart 1996.

Polanyi, M.: Implizites Wissen, Frankfurt am Main, 1985.

Reichwald, R.; Baethge, M.; Brakel, O.; Cramer, J.; Fischer, B.; Paul, G.: Die neue Welt der Mikrounternehmen. Netzwerke - telekooperative Arbeitsformen – Marktchancen, Wiesbaden 2004.

Reichwald, R.; Meyer, A.; Engelmann, M.; Walcher, D.: Der Kunde als Innovationspartner, Konsumenten integrieren. Flop-Raten reduzieren, Angebote verbessern, Wiesbaden 2007.

Reichwald, R.; Piller, F.: Interaktive Wertschöpfung. Open Innovation, Individualisierung und neue Formen der Arbeitsteilung, Wiesbaden 2006.

Schramm, M.: Verhaltensannahmen der Transaktionskostentheorie. Von eingeschränkter Rationalität zu sozialer Einbettung, zugl.: Duisburg, Essen, Univ., Diss., 2004, Berlin 2005.

Schuler, G.: Wikipedia inside. Die Online-Enzyklopädie und ihre Community, Münster 2007.

Schumpeter, J.: Theorie der wirtschaftlichen Entwicklung, 5. Auflage, Berlin 1952.

Spelsiek, J.: Motivationsorientierte Steuerung des Wissenstransferverhaltens. Modellierung, empirische Analyse und Anreizsystemgestaltung, zugl.: Münster (Westfalen), Univ., Diss., 2004, Wiesbaden 2005.

Steinmann, H.; Schreyögg, G.: Management. Grundlagen der Unternehmensführung, 6., vollständig überarbeitete Auflage, Wiesbaden 2005.

Stock, W.G.: Informationswirtschaft. Management externen Wissens, München Wien 2000.

Störk, M.: Partizipation und Innovationspolitik- Die Einbeziehung von Kunden und Bürgern in den Produktinnovationsprozeß der Unternehmung, Frankfurt am Main, 1987.

Taubert, N.C.: Produktive Anarchie? Netzwerke freier Softwareentwicklung, Bielefeld 2006.

Theisen, M.R.: Wissenschaftliches Arbeiten. Technik - Methodik – Form, 10., vollständig neubearbeitete Auflage, München 2000.

Thom, N.: Grundlagen des betrieblichen Innovationsmanagements, 2., völlig neu bearbeitete Auflage, Königstein/Ts. 1980.

Thomas, K.W.: Team-Time. Das Motivationskonzept der Zukunft, Kreuzlingen/München 2001.

Von Hippel, E.: Democratizing Innovation, Cambridge 2005.

Von Hippel, E.: The Sources of Innovation, New York 1988.

Walcher, D.: Der Ideenwettbewerb als Methode der aktiven Kundenintegration. Theorie, empirische Analyse und Implikationen für den Innovationsprozess, zugl.: München, Techn. Univ., Diss., 2006, Wiesbaden 2007.

Wecht, C.H.: Das Management aktiver Kundenintegration in der Frühphase des Innovationsprozesses, zugl.: St. Gallen, Univ., Diss., 2005, Wiesbaden 2006.

2. Sammelwerke und Beiträge in Sammelwerken:

Albers, S.; Brockhoff, K.; Hauschildt, J. (Hrsg.): Technologie- und Innovationsmanagement. Leistungsbilanz des Kieler Graduiertenkollegs, Wiesbaden 2001.

Albers, S.; Gassmann, O. (Hrsg.): Handbuch Technologie- und Innovationsmanagement. Strategie - Umsetzung - Controlling, Wiesbaden 2005.

Albers, S.; Wolf, J. (Hrsg.): Management Virtueller Unternehmen, Wiesbaden 2003.

Albers, S.; Wolf, J.: Management Virtueller Unternehmen, in: dieselben (Hrsg.): Management Virtueller Unternehmen, Wiesbaden 2003, S. 1-27.

Bellmann, K.; Haak, R. (Hrsg.): Management in Japan. Herausforderungen und Erfolgsfaktoren für deutsche Unternehmen in einer dynamischen Umwelt, Wiesbaden 2005.

Bellmann, K.: Produktion im Netzwerkverbund, in: Nagel, K.; Erben, R.F.; Piller, F.T. (Hrsg.): Produktionswirtschaft 2000: Perspektiven für die Fabrik der Zukunft, Wiesbaden 1999, S. 195- 215.

Belz, C.; Schögel, M.; Tomczak, T. (Hrsg.): Innovation Driven Marketing. Vom Trend zur innovativen Marketinglösung, Wiesbaden 2007.

Boutellier, R.; Gassmann, O.: Internationales Innovationsmanagement – Trends und Gestaltungsmöglichkeiten, in: Gassmann, O.; von Zedtwitz, M. (Hrsg.): Internationales Innovationsmanagement, München 1996, S. 281-301.

Bullinger, H.-J.; Warnecke, H.J.; Westkämper, E. (Hrsg.): Neue Organisationsformen im Unternehmen, 2. neu bearbeitete und erweiterte Auflage, Berlin Heidelberg New York 2003.

Burmann, C.; Freiling, J.; Hülsmann, M. (Hrsg.): Neue Perspektiven des Strategischen Kompetenz-Managements, Wiesbaden 2006.

Burmeister, K.; Neef, A.; Linnebach, P.: Innovation im Kontext: Ansätze zu einer offenen Innovationsstrategie, in: Drossou, O.; Krempl, S.; Poltermann, A. (Hrsg.): Die wunderbare Wissensvermehrung. Wie Open Innovation unsere Welt revolutioniert, Hannover 2006, S. 24-33.

Chesbrough, H.W.; Vanhaverbeke, W.; West, J. (Hrsg.): Open Innovation- Researching a New Paradigm, New York 2006.

Chesbrough, H.W.: Open Innovation: A New Paradigm for Understanding Industrial Innovation, in: Chesbrough, H.W.; Vanhaverbeke, W.; West, J. (Hrsg.): Open Innovation- Researching a New Paradigm, New York 2006, S. 1-14.

Chesbrough, H.W.: New Puzzles and New Findings, in: Chesbrough, H.W.; Vanhaverbeke, W.; West, J. (Hrsg.): Open Innovation- Researching a New Paradigm, New York 2006, S. 15-34.

Christensen, J.F.: Whither Core Competency for Large Corporations, in: Chesbrough, H.W.; Vanhaverbeke, W.; West, J. (Hrsg.): Open Innovation-Researching a New Paradigm, New York 2006, S. 35-61.

Drossou, O.; Krempl, S.; Poltermann, A. (Hrsg.): Die wunderbare Wissensvermehrung. Wie Open Innovation unsere Welt revolutioniert, Hannover 2006.

Drossou, O.; Krempl, S.; Poltermann, A.: Der Kampf um die Innovationsfreiheit, in: dieselben (Hrsg.): Die wunderbare Wissensvermehrung. Wie Open Innovation unsere Welt revolutioniert, Hannover 2006, S. 1-10.

Engel, D.: Der Kunde als Innovationspartner, in: Engel, K.; Nippa, M. (Hrsg.): Innovationsmanagement. Von der Idee zum erfolgreichen Produkt, Heidelberg 2007, S. 131-150.

Enkel, E.: Chancen und Risiken der Kundenintegration, in: Gassmann. O.; Kobe, C. (Hrsg.): Management von Innovation und Risiko. Quantensprünge in der Entwicklung erfolgreich managen, 2., überarbeitete Auflage, Berlin Heidelberg 2006, S.171-186.

Engel, K.; Nippa, M. (Hrsg.): Innovationsmanagement. Von der Idee zum erfolgreichen Produkt, Heidelberg 2007.

Ernst, H.; Gemünden, H.G. (Hrsg.): Open Innovation Between and Within Organizations, Wiesbaden 2007.

Franke, N.: Open Source & Co.: Innovative User-Netzwerke, in: Albers, S.; Gassmann, O. (Hrsg.): Handbuch Technologie- und Innovationsmanagement, Wiesbaden 2005, S. 695-712.

Freiling, J.; Gersch, M.; Goeke, C.: Notwendige Basisentscheidungen auf dem Weg zu einer Competence-based Theory oft he Firm, in: Burmann, C.; Freiling, J.; Hülsmann, M. (Hrsg.): Neue Perspektiven des Strategischen Kompetenz-Managements, Wiesbaden 2006. S. 3-34.

Gassmann, O.: Neue Grenzen für Innovationen – Innovieren oder kreativ imitiren?, in: Belz, C.; Schögel, M.; Tomczak, T. (Hrsg.): Innovation Driven Marketing, Wiesbaden 2007, S. 51-53.

Gassmann. O.; Kobe, C. (Hrsg.): Management von Innovation und Risiko. Quantensprünge in der Entwicklung erfolgreich managen, 2., überarbeitete Auflage, Berlin/Heidelberg 2006.

Gassmann, O.; von Zedtwitz, M.(Hrsg.): Internationales Innovationsmanagement Strategie - Umsetzung - Controlling, München 1996.

Gemünden, H.G.: Innovationsmanagement als Kooperationsmanagement, in: Albers, S.; Brockhoff, K.; Hauschildt, J. (Hrsg.): Technologie- und Innovationsmanagement. Leistungsbilanz des Kieler Graduiertenkollegs, Wiesbaden 2001. S. 117-161.

Griesbaum, J.; Semar, W.; Jiang, T.; Kuhlen, R.: Feedback zur Beförderung netzbasierter Wissenskommunikation in K3, in: Oßwald, A.; Stempfhuber, M; Wolff, C. (Hrsg.): Open Innovation, Konstanz 2007, S. 255-269.

Gruber, H.; Terrell, G.; Wertheimer, M. (Hrsg.): Contemporary Approaches to Creative Thinking, New York 1962.

Hauschildt, J.; Gemünden, H.G. (Hrsg.): Promotoren. Champions der Innovation, Wiesbaden 1998.

Herrmann, A.; Huber, F.; Tomczak, T.: Determinanten radikaler Produktinnovationen, in: Belz, C.; Schögel, M.; Tomczak, T. (Hrsg.): Innovation Driven Marketing. Vom Trend zur innovativen Marketinglösung, Wiesbaden 2007, S. 163-193.

Herstatt, C.; Lüthje, C.: Quellen für Neuproduktideen, in: Albers, S.; Gassmann, O. (Hrsg.): Handbuch Technologie- und Innovationsmanagement, Wiesbaden 2005, S. 265-284.

Herstatt, C.; Sander, J.G. (Hrsg.): Produktentwicklung mit virtuellen Communities, Wiesbaden 2004.

Herstatt, C.; Verworn, B. (Hrsg.): Management der frühen Innovationsphasen. Grundlagen - Methoden - neue Ansätze, Wiesbaden 2003.

Herstatt, C.; Verworn, B.: Bedeutung und Charakteristika der frühen Phasen des Innovationsprozesses, in: dieselben (Hrsg.): Management der frühen Innovationsphasen. Grundlagen – Methoden - neue Ansätze, Wiesbaden 2003, S. 3-15.

Jost, P.-J.: Der Transaktionskostenansatz in der Betriebswirtschaftslehre, Stuttgart 2001.

Jost, P.-J.: Der Transaktionskostenansatz im Unternehmenskontext, in: derselbe (Hrsg.): Der Transaktionskostenansatz in der Betriebswirtschaftslehre, Stuttgart 2001, S. 9-34.

Kleinaltenkamp, M.; Fließ, S.; Jacob, F. (Hrsg.): Customer-Integration. Von der Kundenorientierung zur Kundenintegration, Wiesbaden 1996.

Kleinaltenkamp, M.: Customer-Integration – Kundenintegration als Leitbild für das Business-to-Business-Marketing, in: Kleinaltenkamp, M.; Fließ, S.; Jacob, F. (Hrsg.): Customer Integration. Von der Kundenorientierung zur Kundenintegration, Wiesbaden 1996. S. 13- 24.

Kuhlen, R.: Open Innovation: Teil einer nachhaltigen Wissensökonomie, in: Drossou, O.; Krempl, S., Poltermann, A. (Hrsg.): Drossou, O.; Krempl, S.; Poltermann, A. (Hrsg.): Die wunderbare Wissensvermehrung. Wie Open Innovation unsere Welt revolutioniert, Hannover 2006, S. 12-23.

Kunz, W.H.; Mangold, M.: Hybride Communities als Treiber des Kundenwertes, in: Herstatt, C.; Sander, J.G. (Hrsg.): Produktentwicklung mit virtuellen Communities, Wiesbaden 2004, S. 69-98.

Lichtenthaler, U.: Open for Innovation: Understanding the Determinants of External Technology Commerzialization, in: Ernst, H.; Gemünden, H.G. (Hrsg.): Open Innovation Between and Within Organizations, Wiesbaden 2007, S. 21-45.

Lundvall, B.-A. (Hrsg.): National Systems of Innovation. Towards a Theory of Innovation and Interactive Learning. London 1992.

Lundvall, B.-A.: User-Producer Relationships, National Systems of Innovation and Internationalisation, in: derselbe (Hrsg.): National Systems of Innovation. Towards a Theory of Innovation and Interactive Learning. London 1992, S. 45-67.

Mangold, M.; Kunz, W.: Kundenintegration in Innovationsprozesse im Kontext eines Medienunternehmens, in: Meyer, A. (Hrsg.): Dienstleistungsmarketing. Impulse für Forschung und Management, Wiesbaden 2004, S. 31-52.

Meyer, A. (Hrsg.): Dienstleistungsmarketing. Impulse für Forschung und Management, Wiesbaden 2004.

Nagel, K.; Erben, R.F.; Piller, F.T. (Hrsg.): Produktionswirtschaft 2000: Perspektiven für die Fabrik der Zukunft, Wiesbaden 1999.

Nagel, K.; Erben, R.F.; Piller, F.T.: Informationsrevolution und Industrielle Produktion- Eine einführende Betrachtung, in: dieselben (Hrsg.): Produktionswirtschaft 2000: Perspektiven für die Fabrik der Zukunft, Wiesbaden 1999, S. 3-32.

Newell, A.; Shaw, J.; Simon, H.: The Processes of Creative Thinking, in: Gruber, H.; Terrell, G.; Wertheimer, M. (Hrsg.): Contemporary Approaches to Creative Thinking, New York 1962.

Oßwald, A.; Stempfhuber, M; Wolff, C. (Hrsg.): Open Innovation, Konstanz 2007.

Pies, I.; Leschke, M. (Hrsg.): Ronald Coase` Transaktionskosten-Ansatz, Tübingen 2000.

Piller, F.T.: Die neue Rolle des Kunden: Grundsätze und Varianten der Kundenintegration, in: Piller, F.T.; Stotko, C.M. (Hrsg.): Mass Customization und Kundenintegration–Neue Wege zum innovativen Produkt, Düsseldorf 2003. S. 43-93.

Piller, F.T.: User Innovation: Der Kunde kann´s besser, in: Drossou, O.; Krempl, S. (Hrsg.): Die wunderbare Wissensvermehrung. Wie Open Innovation unsere Welt revolutioniert, Hannover 2006, S. 85-97.

Piller, F.T.; Stotko, C.M. (Hrsg.): Mass Customization und Kundenintegration. Neue Wege zum innovativen Produkt, Düsseldorf 2003.

Reichwald, R.; Bullinger, H.-J. (Hrsg.): Vertriebsmanagement. Organisation, Technologieeinsatz, Personal, Stuttgart 2000.

Reichwald, R.; Bastian, C.; Lohse, C.: Vertriebsmanagement im Wandel – Neue Anforderungen an die Gestaltung der Kundenschnittstelle, in: Reichwald, R.; Bullinger, H.-J. (Hrsg.): Vertriebsmanagement. Organisation, Technologieeinsatz, Personal, Stuttgart 2000.

Rank, S.; Scheinpflug, R. (Hrsg.): Change Management in der Praxis – Beispiele, Methoden und Instrumente, Berlin 2008.

Rank, S.; Scheinpflug, R.: Einführung in das Change Management, in: dieselben (Hrsg.): Change Management in der Praxis – Beispiele, Methoden und Instrumente. Berlin 2008, S. 3- 22.

Schmid, K.: Vertragsmanagement bei externer Entwicklung, in: Gassmann. O.; Kobe, C. (Hrsg.): Management von Innovation und Risiko, 2., überarbeitete Auflage, Berlin Heidelberg 2006, S. 489-518.

Seeger, S.: Von der Innovationsflut zum wirtschaftlichen Erfolg, in: Engel, K.; Nippa, M. (Hrsg.): Innovationsmanagement, Heidelberg 2007, S. 111-130.

Simcoe, T.S.: Open Standards and Intellectual Property Rights, in: Chesbrough, H.W.; Vanhaverbeke, W.; West, J. (Hrsg.): Open Innovation- Researching a New Paradigm, New York 2006, S. 161-183.

Spath, D.; Renz, K.-C.: Technologiemanagement, in: Albers, S.; Gassmann, O. (Hrsg.): Handbuch Technologie- und Innovationsmanagement. Strategie-Umsetzung-Controlling, Wiesbaden 2005, S. 229-246.

Stathoulia, T.: Sceptical Doubts Concerning knowledge Capture within the Open Innovation Initiative, in: Oßwald, A.; Stempfhuber, M; Wolff, C. (Hrsg.): Open Innovation, Konstanz 2007. S. 237-241.

Träger, S.: Erklärung von Wettbewerbsvorteilen durch strategisches Kompetenzmanagement, in: Burmann, C.; Freiling, J.; Hülsmann, M. (Hrsg.): Neue Perspektiven des Strategischen Kompetenz-Managements, Wiesbaden 2006. S. 35-66.

Tseng, M.M.; Piller, F.T.: (Hrsg.): The Customer Centric Enterprise: Advances in Mass Customization and Personalization, Heidelberg 2003.

Tseng, M.M.; Piller, F.T.: The Customer Centric Enterprise, in: dieselben (Hrsg.): The Customer Centric Enterprise: Advances in Mass Customization and Personalization, Heidelberg 2003, S. 3-16.

Wagner, S.: Make-or-buy Decisions in Patent Related Services, in: Ernst, H.; Gemünden, H.G. (Hrsg.): Open Innovation Between and Within Organizations, Wiesbaden 2007, S. 47-68.

Walter, A.; Ritter, T.; Riesenhuber, F.: Innovation Develpment in Supplier-Customer Relationships: Does It Give Suppliers a Bigger Piece of the Pie? in: Ernst, H.; Gemünden, H.G. (Hrsg.): Open Innovation Between and Within Organizations, Wiesbaden 2007, S. 1-20.

Wertheimer, M. (Hrsg.): Contemporary Approaches to Creative Thinking, New York 1962.

West, J.: Does Appropriability Enable or Retard Open Innovation?, in: Chesbrough, H.W.; Vanhaverbeke, W.; West, J. (Hrsg.): Open Innovation- Researching a New Paradigm, New York 2006, S. 109-133.

West, J.; Gallagher, S.: Patterns of Open Innovation in Open Source Software, in: Chesbrough, H.W.; Vanhaverbeke, W.; West, J. (Hrsg.): Open Innovation-Researching a New Paradigm, New York 2006, S. 82-106.

West, J.; Vanhaverbeke, W.; Chesbrough, H.: Open Innovation: A Research Agenda, in: dieselben (Hrsg.): Open Innovation- Researching a New Paradigm, New York 2006, S. 285-307.

Williamson, O.E.: Vergleichende ökonomische Organisationstheorie: Die Analyse diskreter Sturkturalternativen, in: Kenis, P.; Schneider, V. (Hrsg.): Organisation und Netzwerk, Wien 1996, S. 167-212.

Wippermann, P.; Jelden, J.: Neue Prinzipien für das Marketing - Dein Freund die Marke, in: Belz, C.; Schögel, M.; Tomczak, T. (Hrsg.): Innovation Driven Marketing, Wiesbaden 2007, S. 37-41.

3. Aufsätze in Fachzeitschriften und Zeitungen

Becker, S.; Reinhardt, I.: Best Practices im Innovationsprozessmanagement, in: Zeitschrift Führung + Organisation 75 (2006) 5, S. 256-262.

Benkler, Y.: Coase`s Penguin, or, Linux and The Nature of the Firm, in: The Yale Law Yournal 112 (2002) 3, S. 369-446.

Berger, C.; Piller, F.T.: Customers as Co-Designers, in: IEE Manufacturing Engineer 82 (2003), S. 42-46.

Chesbrough, H.W.: The Era of Open Innovation, in: MIT Sloan Management Review 44 (2003) 3, S. 34-42.

Coase, R.H.: The Nature of the Firm, in: Economica, New Series, No.16. (1937), S. 386-405.

Dahan, E.; Hauser, J.R.: The Virtual Customer, in: Journal of Product Innovation Management 19 (2005) 5, S. 332-354.

Gassmann, O.; Enkel, E.: Open Innovation, in: Zeitschrift Führung + Organisation 75 (2006) 3, S.132-138.

Grün, O.; Brunner, J-C.: Wenn der Kunde mit anpackt – Wertschöpfung durch Co-Produktion, in: Zeitschrift Führung + Organisation 72 (2003) 2, S. 87-93.

Gruner, K.E.; Homburg, C.: Does Customer Interaction Enhance New Product Success?, in: Journal of Business Research 49 (2000), S. 1-14.

Huston, L.; Sakkab, N.Y.: Connect and Develop Complements Research and Development at P&G, in: RTM, 45 (2002) No. 2, S. 38-45.

Klein, K.J.; Sperr Sorra, J.: The Challenge of Innovation Implementation, in: The Academy of Management Review 21 (1996) 4, S. 1055-1080.

Ogawa, S; Piller, F.T.: Reducing the Risks of New Product Development, in: MIT Sloan Management Review 47 (2006) 2, S. 63-71.

Ramírez, R.: Value Co-Production: Intellectual Origins and Implications for Practice and Research, in: Strategic Management Journal 20 (1999) 1, S. 49-65.

Rowley, J.: Eight questions for customer knowledge management in e-business, in: Journal of Knowledge Management 6 (2002) 5, S. 500-511.

Sakkab, N.Y.: Connect & Develop Complements. Research & Develop at P&G, in: Research Technology Management 45 (2002) 2, S. 38-45.

Samuelson, L.: Modeling Knowledge in Economic Analysis, in: Journal of Economic Literature 42 (2004) 2, S. 367-403.

Scholtissek, S.; Eckert, R.: Innovationspartnerschaften, in: Zeitschrift Führung + Organisation 74 (2005) 4, S. 222-227.

Strebel, P.: Organizing for Innovation Over an Industry Cycle, in: Strategic Management Journal 8 (1987) 2, S. 117-124.

Thomke, E.; von Hippel, E.: Customers as Innovators, in: Harvard business review 80 (2002) 44, S. 74-81.

Teichmann, K.; Wolf, J.; Albers, S.: Typen und Koordination virtueller Unternehmen, in: Zeitschrift Führung + Organisation 73 (2004) 2, S. 88-96.

Von Hippel, E.: A Source of Novel Product Concepts, in: Management Science 32 (1986) 7, S. 791-805.

Von Hippel, E.: Successful Industrial Products from Customer Ideas, in: Journal of Marketing 42 (1978) 1, S. 39-49.

Von Hippel, E.: Lead User: A Source of Novel Product Concepts, in: Management Science 32 (1986) 7, S. 791-805.

Von Hippel, E.; Katz, R.: Shifting Innovation to Users via Toolkits, in: Management Science 48 (2002) 7, S. 821-833.

West, J.; Gallagher, S.: Challenges of open innovation: the paradox of firm investment in open-source software, in: R&D Management 36 (2006) 3, S. 319-331.

Zaugg, R.J.: Organisation – Quo Vadis? in: Zeitschrift Führung + Organisation 72 (2003) 1, S. 4-12.

4. Arbeitspapiere

Bierbrauer, S.: Das Modell zur Wissensschaffung im Unternehmen nach Nonaka und Takeuchi, in: Wissensschaffung nach Nonaka und Takeuchi, Arbeitspapier Wissensmanagement 4/2000, Fachhochschule Stuttgart 2000.

Brockhoff, K.: Zur Einbeziehung von Kunden in die Produktentwicklung: einige ungelöste Probleme, Scientific Working Paper Series of the Center for Market-oriented Management, Nr.28, WHU- Otto-Beisheim-Hochschule Vallendar, März 2005.

Jacob, Frank: Kundenintegrations-Kompetenz: Konzeptionalisierung, Operationalisierung und Erfolgswirkung, Working Paper Nr.1/2002 der ESCP-EAP Europäische Wirtschaftshochschule Berlin, Berlin August 2002.

Maaß, C.; Scherm, E.: Open Source, Netzeffekte und Standardisierung. Diskussionsbeitrag Nr. 354, des Fachbereichs Wirtschaftswissenschaft der Fern-Universität in Hagen, Februar 2004.

Reichwald, R; Piller, F.T.: Customer Integration: Formen und Prinzipien einer Integration der Kunden in die unternehmerische Wertschöpfung, Arbeitsbericht Nr. 26, Jan 2002 des Lehrstuhl für Allgemeine und Industrielle Betriebswirtschaftslehre der Technischen Universität München.

Spaleck, S.: Rezeption und Kritik des Ansatzes von Nonaka und Takeuchi durch Essers, Schreinemakers und Schreyögg, in: Wissensschaffung nach Nonaka und Takeuchi, Arbeitspapier Wissensmanagement 4/2000, Fachhochschule Stuttgart, 2000.

Stichwortverzeichnis

N

O

R

S

T

V

W

Made in the USA
Las Vegas, NV
13 November 2024

11567553R00072